Ohne Obdach
Leben auf der Straße

Foto: Marie Löwe

Matthias Unterwegs

- geboren 1958 in der DDR
- nach der vom Regime verweigerten Zulassung zum Abitur Ausbildung zum Krankenpfleger, anschließend Theologiestudium
- etwa 20 Jahre Gemeindepfarramt im ländlichen Bereich / nach der sog. Wende zahlreiche Begegnungen mit Obdachlosen, die im Pfarrhaus um Hilfe baten
- ab 2004 Klinikseelsorger / in dieser Zeit Basisausbildung in Prozessorientierter Psychologie
- bis Sommer 2017 von der Heimatkirche beurlaubt / Mitarbeit in einer protestantischen Gemeinde in Südfrankreich als ehrenamtlicher Pfarrer / Lebensunterhalt dort als Gärtner und Reparaturhandwerker in gedanklicher Nähe zum Arbeiterpriestertum / Weiterführung des Studiums am Institut für Prozessorientierte Psychologie in Zürich

Matthias Unterwegs

OHNE OBDACH

Leben auf der Straße

Engelsdorfer Verlag
Leipzig
2016

Alle Erlöse des Autors aus diesem Buch
kommen Obdachlosenprojekten zugute.

Bibliografische Information durch die Deutsche
Nationalbibliothek: Die Deutsche Nationalbibliothek
verzeichnet diese Publikation in der Deutschen
Nationalbibliografie; detaillierte bibliografische Daten
sind im Internet über http://dnb.dnb.de abrufbar.

Autorenkontakt

matthias-unterwegs@t-online.de
www.ohne-obdach.com

ISBN 978-3-96008-433-4

11,00 Euro (D)

Für Berti und Peter, für Ruben und Sven, sowie für Hermann und Harry, die in diesem Buch zum Teil anders heißen und für alle Namenlosen, die keine dauerhafte Bleibe haben.

Ein Schüler fragte den Rabbi:
„Früher gab es Menschen, die Gott von Angesicht zu Angesicht
gesehen haben. Warum gibt es die heute nicht mehr?"
Darauf antwortete der Rabbi:
„Weil sich niemand mehr so tief bücken kann!"
Jüdische Legende

5

Inhalt

TEIL I

Aufbruch

Gegen drei Uhr werde ich wach. Es ist mitten in der Nacht. In der Luft liegt eine große Feuchtigkeit. Es ist eiskalt. Aus dem Bambusgebüsch, das mir zum Nachtquartier geworden ist, heraustretend sehe ich die dicken Schneeflocken. Wie komme ich durch diese Nacht? Die Zeit wird lang. Hier kann ich nicht bleiben. Ich packe die Sachen und will mich warm laufen. Dicke Schneeflocken schmelzen auf der Jacke. So werde ich bald durchnässt sein. In diesem Moment weiß ich zum Glück nicht, dass es in den nächsten Wochen für Südfrankreich außergewöhnlich kalt bleiben wird. In Carcassonne, nur etwa 50 km vom Mittelmeer entfernt, wird am 3. Mai dick Schnee liegen. Keiner kann sich erinnern, dass es das je gegeben hat. Ich werde dann in Montpellier sein, wo es nicht friert, aber in Unmengen eiskalt regnet. Der im Bau befindliche Regenwasserkanal, der dort mein geschützter Schlafplatz sein wird, wird sich fluten.

Gestern, am 7. März bin ich aufgebrochen. Ich habe mich entschieden, zwei Monate das Leben auf der Straße zu teilen. Zurzeit lebe ich in Frankreich in der Nähe von Toulouse. Beginnen will ich mit diesem Weg in Albi. Warum kann ich nicht genau sagen. Ich folge einem inneren Impuls. Mir ist etwas unheimlich und ich habe Sorge, ob ich das aus- und durchhalte. Ich packe einen Rucksack mit Schlafsack, Isomatte, ein bisschen Wechselwäsche. Das Telefon und die Bankkarten bleiben zu Hause. Knapp zwanzig Euro habe ich dabei. G. bringt mich in den Nachbarort an den Bahnhof und setzt mich ab. Das erste Problem habe ich bereits am Fahrkartenautomaten. Er akzeptiert nur Münzen oder

7

eine Bankkarte. Der Schalter ist geschlossen. Ich suche eine Kneipe, um einen Schein zu wechseln. Zum Glück gelingt es mir, mich mit meinen wenigen Brocken Französisch verständlich zu machen.

Im Zug macht mich eine freundliche Schaffnerin darauf aufmerksam, dass ich meine Fahrkarte nicht „compostiert" hätte. Die Entwertung ist bei jeder französischen Fahrkarte vor dem Einstieg nötig, sonst gilt das als Schwarzfahren. Doch die Schaffnerin sieht von einer Bestrafung ab. Mein Zug fährt durch Toulouse. Unter einer großen Straßenbrücke sehe ich ein kleines Lager: Zelte, Matratzen, eine Feuerstelle. Da wohnen Menschen im wahrsten Sinn des Wortes unter der Brücke.

Am Nachmittag komme ich an. Albi ist eine kleine Stadt mit einer alten festungsartigen Kirche. Vier Euro achtundneunzig habe ich noch in der Tasche. Auf der Straße grüßt mich eine Frau freundlich. Ich frage sie nach einer Bäckerei und wo man schlafen könne: „Je suis sans abri"[1]. Sie zeigt mir den Weg zur nächsten Bäckerei, dann weist sie mich auf eine Anlaufstelle mit dem Namen „Colibri" hin, die Obdachlosen weiter helfe. Ich reime mir das aus den Bruchstücken, die ich verstehe, zusammen und nehme die Richtung wahr, in die sie zeigt. Zuletzt schnorrt sie mich an, bittet um einen Euro für Brot. Ich zögere einen Augenblick – was bleibt mir denn dann? – und gebe ihr den Euro. Das Körnerbaguette, das ich in der sonntags geöffneten Bäckerei kaufe, schmeckt köstlich. Ich esse sparsam, es soll durch den restlichen Tag reichen. In der vage angezeigten Richtung finde ich das Colibri-Büro nicht. Eine Passantin fragt mich, wonach ich suchen würde. Ich versuche

---

[1] Ich bin ohne Obdach. Gebräuchlicher ist in dem abkürzungsfreundlichen Frankreich allerdings die Bezeichnung SDF – sans domicile fixe – ohne festen Wohnsitz.

8

ihr zu sagen, dass ich ohne Obdach sei und einen Ort zum Schlafen brauche. Ob ich bezahlen könne – „Non". Und sie zeigt mir den Weg zum „parc de loisir"[2]. Da gäbe es auch Wasser, um sich zu waschen. Ich finde den Freizeitpark am Tarnufer. Es gibt Spazierwege, Picknickplätze, Spielgeräte und einen größeren Teich, sowie am Rand einen Gebäudekomplex „salle de fêtes" mit von außen zugänglichen Toiletten. Ein guter wirklich geschützter Schlafplatz ist auf den ersten Blick nicht zu finden. Was nun? In der Nähe des Bahnhofes hatte ich an einem Haus die Aufschrift gelesen „Église Évangélique"[3]. Da würde man einem Obdachlosen das Nachtquartier wohl nicht verweigern – oder? Doch ich will die erste Nacht auf diesem Weg im wahrsten Sinn des Wortes ohne Obdach verbringen, auch wenn mir unheimlich ist. Ein hohes Bambusgebüsch an einem Hang soll mich beherbergen. Noch scheint volle Sonne, doch im Wind liegt zunehmend eisige Kälte. Kinder spielen. Jogger sind unterwegs. Familien haben sich zum Picknick nieder gelassen. Bald leert sich der Park. Was kann ich jetzt tun? Auch wenn es schon dunkel wird, ist es noch lange hin bis zu der Zeit, zu der ich normalerweise schlafen gehe. Es ist ganz ungewohnt, nichts zu tun. So ziehe ich noch einmal los, um Albi zu erkunden. Dabei finde ich zufällig das Büro von „Colibri" und stelle fest, dass es heute ohnehin nicht geöffnet hatte. Montags bis freitags darf man von 9 bis 12 Uhr auch ohne Termin dorthin kommen. An der Kathedrale lässt ein Priester durch einen Seitenausgang eine Frau mit einem Kind heraus. Soll ich ihn nach einem Schlafplatz fragen? Ich gehe weiter. In dem Haus mit der Tafel

---

[2] Freizeitpark
[3] Evangelische Kirche. In Frankreich sind das die Freikirchen. Evangelische Kirchen im Sinne deutscher Landeskirchen heißen Eglise protestante.

9

„Église Évangélique" brennt Licht. Ich könnte klingeln. Doch ich will zu meiner Entscheidung stehen, diese erste Nacht im Freien zu schlafen. Ich habe Hunger. Restaurants verheißen Menüs zu durchaus erschwinglichen Preisen. Doch mein Geld reicht nicht. Ich bleibe draußen.

Zurück im Park richte ich mich in dem Bambusgebüsch ein. Das ist in dem Geländegefälle gar nicht leicht. Ich ziehe in mehreren Schichten fast alle Kleidung an, die ich dabei habe. Am Rande des Parks fährt eine Polizeistreife entlang. Wenn die mich hier finden, was dann?

Und nun bin ich also wach durch Kälte und Schnee. Die Nacht ist noch lang. Mir wird bewusst, dass das Besondere dieses Weges vielleicht im Zeithaben liegt. Doch im Moment möchte ich nur, dass die Zeit vergeht. Aber es ist doch meine Lebenszeit! Kann ich mir wünschen, dass sie vergeht? Wie kann ich in der Zeit sein – auch in solchen Augenblicken? Mein Schlafplatz für die restliche Nacht wird ein Pflaster aus einbetonierten Kieselsteinen vor den überdachten Waschbecken außen vor den öffentlichen Toiletten. Ich finde etwas Schlaf, werde immer wieder wach und bleibe noch bis sieben Uhr liegen. Als es hell wird, ist alles weiß! Es wird den ganzen Tag nicht aufhören zu schneien. Das Geld reicht noch für ein Baguette und einen Kaffee in der Bäckerei. Die Heizkörper im Bahnhofsgebäude sind warm. Das tut gut. Gegen neun Uhr gehe ich in die Kathedrale in die persönliche Stille.

In der Beratungsstelle „colibri" sitzen ein paar Leute rum. Einige spielen Brettspiele. „Je suis sans abri, je cherche un lieu pour dormir"[4] bringe ich mühsam die auswendig gelernten Wörter heraus, zu denen ich noch nicht wirklich Kontakt habe. Ein Mann gibt mir einen

---

[4] Ich bin ohne Obdach. Ich suche einen Schlafplatz.

10

Kaffee und lässt mich wissen, dass eine der Frauen mich nachher beraten wird. Freundlichkeit kommt mir entgegen. Schließlich sitze ich zwei Frauen gegenüber. Sie fragen zwar nach meinem Namen und Geburtsdatum, aber ich muss mich nicht ausweisen. Als sie wissen wollen, warum ich auf der Straße sei, sage ich, dass ich bei einer Freundin gewohnt hätte und mache eine Geste, die alles heißen kann. Sie fragen nicht weiter nach. Alle Schlafplätze in Albi sind belegt. Es gäbe die Möglichkeit, für drei Tage in einer etwa 20 Kilometer entfernten Stadt in einer Notunterkunft des Croix-Rouge[5] zu bleiben. Danach könnte ich gern wiederkommen. Dann klingelt das Telefon. Ein neues Angebot. In Lisle-sur-Tarn gibt es ein Foyer, das freie Plätze hat. Da könnte ich auch länger bleiben. Dazu gäbe es dort Sozialarbeiter, die mir weiterhelfen könnten. Bis 17 Uhr müsste ich dort sein. Wie ich das schaffe, bleibt allerdings mein Problem. Es sind fast 30 km. Die Bahnfahrkarte kostet 5,80 Euro. Mit dem „Tarnbus" sind es nur zwei Euro, egal wie weit man in der Region Tarn fährt. Das ist sehr sozial und umweltfreundlich. Aber auch diese zwei Euro habe ich nicht. Mir sind ein paar Cent geblieben.

Ich werde betteln. Ohnehin will ich in den nächsten Monaten die verschiedenen Formen des Bettelns ausprobieren. Wie fühlt sich das an? Wie geht es mir damit? So schreibe ich auf ein Schild, das ich an meinem Rucksack befestige, meinen Satz „Je suis sans abri" und stelle mich in eine Passage, die in einen Supermarkt führt, in der Hand den leeren Pappkaffeebecher vom Frühstück in der Bäckerei. Fast alle Leute schauen an mir vorbei. Die erste, die mir etwas gibt, ist eine junge Frau. Sie überreicht mir ein belegtes Baguette, eine Tüte mit zehn

---

[5] Rotes Kreuz

11

kleinen Milchbrötchen und eine Flasche Wasser. Ab und zu bekomme ich eine kleine Münze. Zwei Schülerinnen geben mir ein paar Cent. Mich berührt das, denn es hätten meine Töchter sein können in jener Zeit, als sie noch ins Gymnasium gingen. Ich weiß, dass sie immer wieder Obdachlosenzeitungen kaufen und den Preis in der Regel aufrunden, trotz begrenzter Finanzen. Mir kommen Tränen in die Augen, auch als eine Frau mir Münzen im Wert von mindestens zwei Euro gibt. Inzwischen ist so ein Betrag für mich ein kleines Vermögen, denn das „Geschäft" scheint mühsam zu sein. Ein Mann spricht mich an und weist mich auf die Anlaufstelle „Colibri" hin. In mir ist ein tiefes Schamgefühl. Ich versuche zu differenzieren. Rührt das daher, dass ich nicht in echter existentieller Not bin, also zum Überleben hier nicht stehen müsste, weil ich jederzeit nach Hause fahren könnte? Ist es eine Art Lüge? Nehme ich jemandem den Platz weg? Als ich das alles abgearbeitet habe, bleibt ein Anteil tiefer Beschämung, sich helfen lassen zu müssen. Ich komme auf meinem Weg jetzt tatsächlich nicht ohne Hilfe weiter. Nach zwei Stunden habe ich gut sechs Euro zusammen. Später werde ich erleben, dass dieses, was mir kläglich erscheint, ein veritabler Erfolg ist. Nicht immer läuft es so gut.
Ich laufe zum Busbahnhof. Der Bus ist gerade weg. Der Nächste fährt so spät, dass ich nicht pünktlich in Lisle-sur-Tarn ankommen würde. Also muss ich den Zug nehmen. Mit dem Ticket ist meine „Kollekte" wie gewonnen so zerronnen. Doch mir wird bewusst, für diesen Tag ist gesorgt, mehr brauche ich heute nicht.
Das Projekt ist nicht einfach zu finden. Menschen, die ich anspreche, wissen nichts davon. Andere zeigen mir vage eine Richtung. Zwischendurch lande ich bei einem öffentlichen Gebäude in einer Rentnerrunde, die gerade

12

vom Kaffeetrinken aufgestanden ist. Wieder erhalte ich nur eine ungefähre Richtungsangabe. Das Städtchen ist allerliebst und hätte in jedem Reiseführer in Deutschland drei Sterne. Es gibt einen kleinen quadratischen Marktplatz, von uralten Fachwerkhäusern mit Arkaden umgeben. Doch mich erreicht die Schönheit erst mal nicht. Ich gerate in Panik. Die Zeiger der Uhr rücken immer dichter auf 17 Uhr zu. Schließlich finde ich mein Ziel. Es liegt auf der anderen Stadtseite jenseits des Flusses und gehört wohl schon zur nächsten Kommune.

Das Foyer le Relais

Das Gebäude wirkt wie ein brandenburgisches Gutshaus – hohe Fenster mit Fensterläden, ein großer Vorraum, von dem eine breite Treppe nach oben führt. Auch hier werde ich freundlich begrüßt. Ich soll warten. Vor Fünf haben sie gar nicht mit mir gerechnet, offensichtlich hätte ich auch viel später kommen können. Oh, da hätte auch der spätere Bus gereicht und ich hätte noch ein paar Euro mehr in der Tasche. Egal, es ist wie es ist. Ich werde in ein Buch eingetragen: Name und Geburtsdatum werden erfragt. Keiner will wissen, warum ich auf der Straße bin. Wieder fragt niemand nach Papieren. Ich muss die Hausordnung unterschreiben. Der wichtigste Punkt: keinen Alkohol! Wir sind hier ein gutes Dutzend Männer, darunter offenbar noch ein paar andere Ausländer. Damnia sieht so aus, wie ich mir einen Inder vorstelle. Er trägt lange zerschlissene lockere Kleidung und hat zwei Federn im Haar. Trotz des Frostes läuft er ohne Strümpfe. Zum Essen zieht er einen Holzlöffel irgendwo aus den Tiefen seiner Kleidung. Es folgen Stäbchen, mit denen er isst. Etwas Ruhiges und Respektverschaffendes geht von ihm aus.

13

Es gibt einen streng geregelten Tagesablauf. Wenn ich dieses „Foyer", wie die Franzosen es nennen, näher kennenlernen will, dann heißt das im Moment für mich: freies Leben auf der Straße adé. Das Projekt vom Roten Kreuz wäre dichter an Albi gewesen und hätte mir auf den ersten Blick besser gepasst. Dennoch entschließe ich mich, ein paar Tage zu bleiben und will einfach dem folgen, was sich mir auftut. Ich lasse mich ein, mit dem Wissen, jederzeit weiterziehen zu können. Mein Bett steht in einem Drei-Bett-Zimmer. Ein Zimmerkollege – Abdullah – kommt aus dem Sudan. Er ist sehr fürsorglich, erklärt mir alles und versorgt mich später am Tisch mit Essen. Es gibt ein reichliches Abendbrot – Kürbissuppe, Gemüse und Entenfleisch mit Reis, verschiedene Sorten Käse und als Dessert einen Joghurt. Jeder muss irgendwie mittun. Einige haben gekocht, andere decken den Tisch, die übrigen sind im Abwaschteam. In Deutschland wäre es wahrscheinlich schon ein Problem, ohne Hygieneausweis die Küche zu betreten.

Am Abend sitzen viele im Tagesraum und sehen fern. Um 23 Uhr ist Nachtruhe. Um halb acht wird geweckt. Der Tag ist klar strukturiert. Es gibt ein petit déjeuner[6] - eine Schale Kaffee, Kakao oder Milch und ein oder zwei Croissant oder ähnliches. Das Toastbrot hat einen ganz leichten Schimmelgeschmack. Dann wird gemeinsam das ganze Haus gereinigt. Jeder bekommt eine Aufgabe. Neben dem eigenen Zimmer bin ich für einen Waschraum mit zuständig. Um halb neun treffen wir uns zur Arbeitseinteilung. Jeder, der hier bleiben will, muss eine Arbeit übernehmen. Ich spalte gemeinsam mit Georgio mit einer Spaltaxt, Keilen und einem Vorschlaghammer Holz, das wir unten im Keller dicht an der Holzheizung aufstapeln. Andere schneiden in einer Art Gewächshaus

---

[6] Frühstück

14

auf der anderen Straßenseite dünne Holzleisten auf Maß und bündeln sie für den Verkauf auf dem Markt als Kaminanzündeholz. An Schautafeln kann ich sehen, dass von diesem Projekt her im Sommer Arbeiten durchgeführt werden, wie sie in Deutschland über ABM realisiert werden: Wanderwege anlegen und markieren, Rastplätze bauen etc. Die Vormittagsarbeit wird durch eine kleine Kaffeepause unterbrochen. Die Mittagspause dauert einschließlich der üppigen Mahlzeit zwei Stunden. Es gibt wieder Kürbissuppe, dazu etwas Ähnliches wie Couscous mit einer Gemüsepfanne und Fleischbällchen aus Lammfleisch, wieder Käse, eine gekochte Birne mit Schokoladensoße und einen Kaffee. Das Essen wirkt ein bisschen wie Schlaraffenland. Die Mitarbeitenden essen mit, dazu eine ganze Reihe Männer in Arbeitskleidung, die nicht hier im Haus schlafen.

Nachmittags wird wieder gearbeitet. Ich wasche mit einem Lösungsmittel die Wände im verrauchten Aufenthaltsraum ab, der frisch gestrichen werden soll. Auch die Nachmittagsarbeit wird noch einmal durch eine Kaffeepause unterbrochen, das in Frankreich mancherorts übliche goûter, was ich noch nicht kenne.

Nach Arbeitsschluss erkunde ich das Städtchen. Nicht weit von der recht großen Kirche beginnt der Markt. Es gibt ein Internetcafé. Dort sehe ich Damnia, der wieder barfuß unterwegs ist. Er sitzt vor einem Bildschirm und hat ziemlich viele Mails vor sich. Ich hatte mir für diesen Weg eine neue Mailadresse eingerichtet. Nur die Kinder und G. kennen sie, damit ich im Notfall erreichbar bin. Ich habe versprochen alle paar Tage hinein zu schauen. Das tue ich heute zum ersten Mal. Eine halbe Stunde im Internetcafé kostet 1,50 Euro. Ich habe nur noch 90 Cent und darf für eine Viertelstunde ins Netz. G. schicke ich eine kurze Nachricht, damit sie weiß, wo ich bin. Später erfahre ich, dass das eine erste Beruhi-

15

gung für sie war. Auch zu Hause hatte es geschneit und sie hatte viel Angst um mich. Es ist der dritte Tag dieser Reise. Ich bin so voller Eindrücke, dass es mir erscheint, als wäre ich schon viel länger unterwegs.

Ich versuche, mir im Haus an der Aufgabenliste die Namen der anderen Mitbewohner einzuprägen. Frank teilt andere mit ein und scheint so eine Art Vorarbeiter zu sein. Abends kommt Yann ins Haus, dem man den Sozialarbeiter schon ansieht. Abdullah ist weiterhin sehr fürsorglich. Er macht mir klar, dass ich alles Wichtige immer bei mir tragen sollte. Im Zimmer sei das nicht sicher. Als ich am Abend die Zeit verpasse, holt er mich zum Essen.

Am nächsten Morgen steht er ganz früh auf und geht. Da die meisten seiner Sachen noch hier sind, denke ich, dass er zurück kommen wird. Ich werde ihn nicht wiedersehen.

Meine heutige Arbeitsaufgabe ist, den Tagesraum weiter für die Renovierung vorzubereiten. Der Fernsehschrank muss geschliffen werden. Zum Mittagessen gibt es große Hühnchenteile, einen Salat mit Couscous und wieder Käse und Dessert. Übriggebliebenes von gestern, wie die restlichen Birnen in Schokoladensoße, wird mit aufgetragen. An diesem Nachmittag – es ist Mittwoch – wird nicht gearbeitet. Das gehört zur Ordnung des Hauses. Ich schlafe zwei Stunden, dann spaziere ich durch das Städtchen. Die Tourismusinformation, wo ich etwas mehr über die Region erfahren wollte, ist geschlossen. Etwas abseits im Ort steht das Pfarrhaus. Ich könnte ja den Priester mal nach einer französischen Bibel fragen. Doch nach dem Zeitplan, der an der Kirchentür hängt, müsste er gleich Messe im Altersheim haben. Da will ich lieber nicht stören. Am Bahnhof stelle ich fest, dass eine Fahrkarte 10,20 Euro kostet. Die muss ich also aufbringen, wenn ich von hier zu

16

meinem ersten Zwischenaufenthalt nach Hause aufbrechen sollte[7]. Ob ich das mit der Mundharmonika erspielen kann? Aber dazu muss ich wohl wieder in die nächstgrößere Stadt. Doch dann müsste ich mir den Weg dorthin ja auch noch erbetteln.

Die ersten Tage bringen mir eine erstaunliche Erkenntnis: Die meisten Obdachlosen sind als solche nicht erkennbar. Sie sind gepflegt, denn in solchen Anlaufpunkten und Foyers gibt es Gelegenheit, sich zu duschen, sich zu rasieren und zu essen. Ich sehe sie mit Handys, die mein uraltes Nokia, das ich zu Hause gelassen habe, völlig in den Schatten stellen. Die, die ich als Obdachlose vor Augen und in meiner Vorstellung hatte, sind vielleicht jene, die sich in einer Weise aufgegeben haben und diese Möglichkeiten nicht mehr nutzen.

Was mache ich hier eigentlich? Ich glaube, es geht darum, einfach in dem, was gerade da ist, zu bleiben und wahrzunehmen, was um mich herum und mit mir geschieht. Und vielleicht lässt sich die Zeit nutzen, um weiter Französisch zu lernen.

Beim Weg durch das Städtchen kommt mir die Frage, ob ich nicht heute schon mal betteln könnte. Aber irgendwie ist das nicht dran. Heute brauche ich kein Geld. Das kann ich übermorgen machen. Damnia ist losgezogen, barfuß mit einem Bambusstab. Der Boden ist gefroren, auf den Pfützen liegt Eis.

Donnerstag – dem Aushang an der Kirche habe ich entnommen, dass um 9 Uhr eine Messe sein soll. Als ich frage, ob ich da hingehen kann, wirkt das offenbar belustigend. Aber ich erhalte die Erlaubnis. Leider finde ich die Kirche verschlossen vor. Nach einer Weile

---

[7] Teil meiner Verabredung war es, in den zwei Monaten, die ich unterwegs sein wollte, zweimal nach Hause zu kommen.

17

mache ich mich auf den Weg zum Centre paroissial, dem Pfarrhaus. Auf mein Klingeln hin ertönt eine Stimme aus der Sprechanlage. Dann öffnet eine alte Frau oben ein Fenster. Ob sie mich verstanden hat, weiß ich nicht. Ich kann ihre Antwort jedenfalls nicht deuten und warte weiter. Irgendwann öffnet ein älterer kleiner Mann. Ich frage nach der Messe und er sagt „terminée![8]" Es ist halb zehn. Ob er sie zu Hause gelesen hat, weil sowieso keiner in die Kirche kommt? Ich frage ihn nach einem Neuen Testament. Er verschwindet, lässt mich im Flur warten. An einer Tür ist ein Wort von Mutter Teresa, das ich so verstehe, dass man in jeder Person, die einem begegnet, Christus sehen solle. Der alte Mann kommt mit einem kleinen Buch in der Hand zurück und gibt es mir. Es riecht muffig nach altem stockigem Papier. Es ist eine Ausgabe von 1952, aber besser als gar nichts. Um mit mir vertrauten Texten Französisch zu lernen, ist es gut genug.

Heute ist es meine Aufgabe, in der Küche mit Yves und Jean-Louis das Essen vorzubereiten. Die Malerarbeiten macht Mefo. Das Verhalten am Tisch ist sehr sozial. Ich staune, wie das restliche Fleisch miteinander geteilt wird. Unter den Mitarbeitenden ist eine Neue, Béatrice, wohl auch eine Sozialarbeiterin. Sie lässt mich wissen, dass sie um 15 Uhr mit mir sprechen wolle. Ich habe Herzklopfen. Doch das Gespräch ist behutsam. Sie stellt keine bohrenden Fragen. Ich sage ihr, dass ich wahrscheinlich am Montag oder Dienstag zu einer Freundin bei Toulouse fahren könne. Ja, ich dürfe so lange bleiben. Ich frage sie, wer das alles hier bezahle und erfahre, dass das Projekt vom Conseil régional[9] mit öffentlichen Geldern finanziert wird. Frank erzählt mir später von der Ge-

---

[8] beendet
[9] Regionalrat – das ist die Verwaltungsbehörde der Region.

schichte des Hauses. Es habe mit weiteren Grundstücken einem kinderlosen Ehepaar gehört. Dieses habe es schon vor dem zweiten Weltkrieg der Kommune vererbt mit der Auflage, es für junge Menschen in Not zu nutzen. In der Zeit der Besatzung sollen Nazis dort residiert haben.

Jetzt dient es der Reintegration von Obdachlosen. Jeder, der in Not ist, wird aufgenommen. Wer einen Integrationsvertrag unterschreibt, bekommt ein Einzelzimmer und einen Arbeitsvertrag auf Mindestlohnbasis. Davon muss er dann an das Haus Unterhalt abgeben. Die nächste Stufe der Integration ist dann eine eigene Wohnung in der Umgebung, während man in dem Projekt weiterarbeitet. Die Männer, die zum Mittagessen kommen, gehören wohl zu dieser Gruppe.

Am Nachmittag hat mich eine große Traurigkeit erfasst, ohne dass ich richtig weiß, was das ist. Meine Trennungsgeschichte ist präsent und ich hänge in den immer gleichen Gedankenschleifen, ob es nicht doch einen anderen Weg gegeben hätte …

Die Zeit wird mir lang und ich habe kein Geld, um ins Internet zu gehen, ein Lebenszeichen abzusetzen oder zu schauen, ob G. geantwortet hat. Ich werde morgen einen Versuch starten zu betteln. Abends um halb neun bin ich noch mal in dem schönen Städtchen. Es liegt wie ausgestorben da. Montag will ich sehen, dass ich hier wegkomme. Vier Tage noch, bzw. dreieinhalb. Soll ich ausharren, ich habe doch erfahren, wie es hier läuft. Aber ich merke, dass es wie in der Begleitung von Komapatienten[10] ist. Damit etwas geschehen kann, muss man dran bleiben und die Leere und das scheinbare Nichts aushalten.

---

[10] Ich war Krankenhausseelsorger und habe u.a. in diesem Feld gearbeitet.

In der Mittagsdienstbesprechung gab es fast eine Schlägerei. Xavier, der dunkelhäutig ist, ging hoch wie eine Rakete. Er hatte einen Disput mit Yves, der dabei ganz ruhig blieb. Hinterher hat mir Frank erzählt, wie Yves Xavier provoziert hatte mit „Fucknigger" und anderen diskriminierenden Ausdrücken. Yves provoziert gern. Mir versucht er obszöne französische Wörter beizubringen, mit denen ich die Sozialarbeiterin ansprechen solle und glaubt wohl, dass ich die Bedeutung nicht verstünde.

Ein neuer Tag. Letzte Nacht habe ich geträumt, dass ich mit meinen Kindern und weiteren Menschen aus meiner Vergangenheit unterwegs bin. Da ist eine S-Bahn, in die etwas verladen wird. Wir können zurück fahren. Doch plötzlich sind keine Gleise mehr da, nur noch zerbrochene Schwellen.

Vormittags gibt es dann richtig Stress. Alle müssen sich im Tagesraum einfinden. Immer zwei der Mitarbeiter gehen mit einem von uns auf sein Zimmer. Irgendwann wird mir klar, dass sie nach Alkohol suchen. Auch ich muss mein Zimmer zeigen, wo sich jedoch nichts findet. Mefo, der in den letzten Tagen super gearbeitet hat, ist total aggressiv. Er muss gehen. Offenbar ist er es, der gestern Abend beim Trinken gesehen wurde. Er geht fein rausgeputzt, aber hinterlässt sein Zimmer verwüstet. In der Dusche hinterlässt er mit schwarzer Schuhcreme verschmierte Handtücher. So schnell kann die freundliche Stimmung kippen.

Bei Frank haben sie Bierflaschen gefunden. Er, der einen Integrationsvertrag hat, wird verwarnt und für drei Tage ausgesperrt. Er darf das Haus nicht betreten, obwohl es weiter Nachtfrost gibt. Mir sagt er, es sei gerecht. So seien die Regeln. Er hätte es gewusst und einen Fehler gemacht. Dafür müsse er gerade stehen.

20

Am Nachmittag unternehme ich einen zweiten Anlauf, in die Messe zu gehen. Sie soll in einer Kapelle in der Hafenstraße sein. Aber auch da stehe ich und warte vor verschlossener Tür. Mal sehen, ob sich das später noch mal aufklärt.

Heute will ich nun aber ins Email-Postfach sehen und auch eine Nachricht senden. Aber ich habe kein Geld. Ich brauche ungefähr einen Euro, besser noch eins fünfzig. Ich traue mich nicht zu betteln. Frank ist auf dem Marktplatz. Ich schäme mich. Als er weg ist, wage ich es. Heute will ich Leute direkt ansprechen. Um meine Hemmungen zu überwinden, entscheide ich, dass ich zehn Leute ansprechen werde. Es sind dann elf oder zwölf. Ein totaler Misserfolg! Einige ignorieren mich. andere sagen, sie hätten kein Geld dabei. Nur eine Frau ist sehr freundlich und erklärt mir, wo die Herberge „Le Relais" ist. Ich hatte versucht, ihr klar zu machen, wofür ich das Geld brauche und weiß am Ende nicht, ob sie mich verstanden hat und ob sie wirklich nichts dabei hat, wie sie sagt. Ich gehe zum Pfarrhaus. Vielleicht kann ich dort ins Internet. Es ist nur die alte Frau da. Sie ist recht freundlich und meint, ich solle es am nächsten Tag doch auf der Post versuchen. Erst hinterher fällt mir ein, dass ich sie ja wenigstens um einen oder zwei Euro für das Internetcafé hätte bitten können. So etwas Blödes, da bin ich wie gelähmt und nicht so richtig handlungsfähig. Meine ganze Energie ist nötig, um ein paar zurechtgelegte Vokabeln miteinander zu verknüpfen.

Im Relais arbeite ich wieder in der Küche mit. Es sind drei Neuankömmlinge da. Später ziehe ich nochmal los und setze mich vor den kleinen Supermarkt nur wenige Schritte vom Markplatz und spiele Mundharmonika, meine Mütze vor mir. Es gibt überhaupt keine Reaktion. Ob das an dem kleinstädtischen Gepräge liegt? Ach, ich

21

habe Sehnsucht nach G. Hoffentlich schlummert im Netz keine dringende Mail! Beim Spielen mit der Mundharmonika gelingt es mir, für Augenblicke die Absicht zurückzustellen und einfach die Lieder in dieses Feld zu geben: Abendlieder, Volkslieder und Choräle – „Großer Gott, wir loben dich" ...

Ein neuer Tag. Das Essen ist schmaler geworden, so mehr Resteküche. Doch heute nach dem Mittagessen kommt eine Art Nahrungsmittellieferung. Ein Teil der Verpackungen z.B. Schmelzkäseecken ist schlicht weiß und hat eine kleine EU-Fahne als Aufdruck. Sie müssen aus irgendwelchen EU-Lagerbeständen kommen. Anderes ist wieder ein Sammelsurium und könnte aus Spenden einer Organisation wie der Tafel in Deutschland kommen. Die Lebensmittel werden sortiert. Ein Teil wird in der Küche eingelagert. Ein Teil wird in kleinere Partien aufgeteilt. Diese holen die Männer ab, die mit uns Mittag essen, ohne hier zu wohnen. Ich weiß noch nichts von der landesweit organisierten Banque alimentaire[11]. Etwa ein Jahr später werde ich in der Toulouser Niederlassung eine Weile als Ehrenamtlicher mitarbeiten. Ich werde Lebensmittelspenden sortieren oder nachmittags Bestellungen von Hilfsorganisationen und Initiativen für die Abholung vorbereiten. Im Moment ist das in weiter Ferne. Ich habe nur eine Ahnung davon, was es mit der Lieferung auf sich haben könnte.

In meinem Zimmer treffe ich auf einen großen bärtigen Mann. Er war wohl die letzten zwei Wochen unter sehr schwierigen Umständen unterwegs, bis er hier landete. Jetzt stinkt das Zimmer extrem nach irgendeinem Deo. Nachts wird es unruhig. Noch ein Neuer kommt. Xavier

---

[11] Nahrungsmittelbank – ein landesweites System zur Erfassung von Lebensmittelspenden aus Supermärkten und von Privatpersonen, sowie aus EU-Beständen. Die Lebensmittel werden dann wieder freien Trägern, die sie für Bedürftige verwenden, zur Verfügung gestellt.

22

und der Mitarbeiter vom Nachtdienst bringen ihn rein. Er telefoniert eine ganze Weile mit seinem Handy unter der Bettdecke. Am Morgen erfahre ich, dass seine Frau ihn nicht rein gelassen hat, weil er betrunken war. Er ist so schnell wieder fort, wie er gekommen ist. Wo mag Abdullah geblieben sein? Warum ist er so überstürzt abgereist?

Übersehen werden

Um sieben Uhr werde ich wach. Es ist Samstag und arbeitsfrei. Ich will nach Gaillac, in der Hoffnung, dass es dort sowohl mit dem Internet als auch mit dem Betteln besser klappt. Ich will trampen. Gleich das erste Auto hält, ein freundlicher Mann nimmt mich mit seinem ziemlich klapprigen Gefährt mit und bringt mich bis dicht ans Stadtzentrum. Da gibt es eine alte Abtei- kirche. Sie ist offen. Ich nehme mir Zeit für die Stille. Dann spiele ich eine Stunde vor der Tür Mundharmoni- ka. Es kommen nur wenige Leute, niemand gibt etwas. In der Stadt finde ich eine Mediathek, zu der eine Cy- berbasis gehört. Dort kann man ins Internet. Ich frage und darf gratis an einen Computer. Ich finde eine Nachricht von G. vor, die sehr erleichtert ist und kann ein Lebenszeichen versenden. Besser läuft es mit dem Mundharmonikaspiel dann vor einem kleinen Super- markt. Ich spiele wieder Volkslieder, die ich als Kind im Posaunenchor gelernt habe und Choräle, eben meine Musik. Darin bin ich authentisch. Gern könnte ich mehr und anderes, wünschte mir die Fähigkeit, bekannte Melodien aufzugreifen, zu improvisieren. Aber ich kann das nicht. Ich komme auf fast vier Euro, bis ich von einem Verkäufer vertrieben werde. „Bonne chance!"[12]

---

12 Viel Glück

23

wünscht er mir. Es ist sicher nicht böse gemeint, aber es ist mir dennoch irgendwie ein Hohn, da er mich gerade von meiner winzigen Einkommensquelle abschneidet. Oder musste er mich vertreiben und meint es ernst?

Eigentlich bin ich zufrieden. Wenn ich übermorgen bis Toulouse trampen würde, reicht es vielleicht für die Fahrt durch die Stadt bis in den Vorort. Ich probiere es um 14 Uhr noch einmal vor der Abteikirche, vergeblich. Nun stehe ich in einer Einkaufsstraße an einer anderen Kirche. Es kommen immer mal ein paar Menschen die Straße entlang. Aber sie schauen über mich hinweg bzw. an mir vorbei, selbst jene, die die Kirche betreten. Ich werde die nächsten Stunden hier bleiben. Ein Aushang informiert, dass es eine Abendmesse gibt. Mal sehen, was da passiert. Es ist weiterhin ungemütlich kalt. Die Leuchtschrift an der Apotheke gegenüber behauptet es seien sechseinhalb Grad. Es wird 17.30 Uhr, nur noch eine Stunde bis zur Messe, sechs Grad, ich friere. Dann geht es los, eine Gruppe Schwarzer kommt an, fröhlich mit diversen Instrumenten. Nach und nach strömen immer mehr Leute herbei, Halbwüchsige in Pfadfinder-uniformen und viele Erwachsene. Eine Münze wird mir in die Kappe getan. Fast alle sehen über mich hinweg. Zwei Frauen grüßen mich. Eine Frau ruft mich zu sich und bittet, dass ich sie die Treppe hoch begleite, dann lässt sie mich stehen. Ich glaube, das Schlimmste ist, immer wieder übersehen zu werden. Dass fast alle mir nichts geben wollen, finde ich nicht so tragisch. Doch dieses Über-einen-Hinweg-sehen, das ist schwierig. Du bist nichts. Du bist nicht. Mit den letzten Ankommen-den gehe ich in die Kirche und besuche die Messe. Fröhlich geht es zu mit lebhafter Musik. Die Kollekten-schale kommt. Mein erster Impuls ist, in meine Mütze zu greifen und die erste Münze zu nehmen, die ich in die Hand bekomme. Ich bin richtig erleichtert, dass es

24

nur ein Zwanzig-Cent-Stück ist. Dann der nächste Gedanke: Leere deine Mütze in den Korb. Heute brauchst du nichts mehr! Das ist zu viel. Das bringe ich nicht übers Herz, bzw. durch die Hände. Das so mühsam gesammelte Geld! Da fällt es mir schwer zu vertrauen, dass der morgige Tag wieder für das Seine sorgen wird. Es wird nochmals gesammelt. Da gebe ich mir einen Ruck und schütte die Mütze in den Korb. Aber es hat nicht mehr die Kraft, wie beim ersten Anlauf. Beim Friedensgruß während der Eucharistie reichen mir die Umstehenden die Hand. Sie alle werden am Ausgang wieder an mir vorbei gehen, ohne mich zu sehen. Nur eine junge Frau gibt mir einen Euro. Es ist die größte Münze, die ich an diesem Tag bekommen habe. Ein paar Münzen waren noch in der Jackentasche. Mir bleiben drei Euro. Es ist kalt und dunkel. Ich muss nach Lisle-sur-Tarn zurück. Ich entscheide mich zu laufen, um die Zugfahrkarte im Wert von 2,20 Euro zu sparen. Es sind gut zehn Kilometer. Auf dem Weg aus der Stadt kommt plötzlich ein Mann auf mich zu und spricht mich an. Es ist ein Hüne. Ich verstehe nicht, was er von mir will. Ich habe Angst und beeile mich, fort zu kommen. Ich glaube, er wollte Geld. Doch meinen geringen Schatz will ich nicht teilen, habe ihn ja gerade erst dem nicht genommenen Zug abgetrotzt.

Solange ich durch den Vorort und das Industriegebiet von Gaillac laufe, versuche ich Autos zu stoppen. Aber wer hält schon gern im Dunkeln an! Nach dem letzten Kreisverkehr schluckt mich die Finsternis. Ich laufe auf der linken Seite. Eines der entgegenkommenden Autos wendet und hält mit Warnblinklicht an. Der Mann sagt mir etwas vom Relais in Lisle-sur-Tarn und gibt mir eine Warnweste und eine kleine Dynamotaschenlampe und schon ist er wieder weg. Das berührt mich. Ich brauche zwei Stunden von der Kirche bis nach Hause. In mir ist

25

die Erfahrung des Übersehenwerdens. Ich kann mir gut vorstellen, dass das eines der wesentlichen Probleme ist. Wie bin ich denn früher selbst in Berlin unterwegs gewesen? Mir fällt ein Penner in der S-Bahn ein, den man zwar übersehen konnte, aber überriechen ging nicht. Ich habe damals einen weiten Bogen um ihn gemacht. Wie werde ich wohl später, nach dieser Zeit, anderen Obdachlosen begegnen?

Sonntag. Ich will in die Messe, aber ohne vor der Tür zu betteln. Ich bin frühzeitig da. Die alte Dame aus dem Pfarrhaus winkt mich zu sich ran und spannt mich ein beim Einräumen und bittet um Hilfe, die völlig verkorksten Altarkerzen in Gang zu bringen. Sie hatte mit dem Dorn des Leuchters versehentlich eine Kerze auseinander gesprengt. Ich tue, was ich kann. Die Reparatur gelingt notdürftig. Im Gottesdienst wendet sich der alte Priester den Erstkommunionkindern zu. Er geht mit den Kindern sehr warmherzig und freundlich um. Sie werden gesegnet. Nach dem Gottesdienst ist eine Taufe. Es gibt eine kleine Extrafeier, an der über die große Taufgesellschaft hinaus keiner teilnimmt. Ich bleibe – etwas abseits. Als alle gegangen sind, gehe ich zum Priester und erkläre ihm, dass ich im Relais wohne, aber morgen nach Toulouse wolle. Mir würden sieben Euro für die Fahrkarte fehlen, ob er mir helfen könne. Er wirkt hart, ganz anders als den Kindern gegenüber. Die Warmherzigkeit ist wie weggeblasen, aber er greift in die Kollektenschale und gibt mir zehn Euro. Ich will ihm mein Kleingeld dafür geben. Er lehnt das ab. Beim Verlassen der Kirche werfe ich das Geld, das ich nicht brauche, in den Opferstock und hoffe, dass das keine Kränkung war. Mir fällt der Mutter-Teresa-Spruch an seiner Bürotür ein. Aber werde ich immer den Ansprüchen, die ich an mich selber habe, gerecht? Und ich will auch gar nicht, dass er Christus in mir sucht und mir

26

deshalb hilft. Doch ich möchte von ihm als Mensch gesehen werden.

Was ist mit dem Vertrauen, dass jeder Tag für sich sorgen werde? Das scheint ja ein wesentliches Thema des Weges zu sein. Passt es dazu, dass ich heute schon für die Fahrkarte, die ich morgen brauche, gesorgt habe? Dazu habe ich – wenn auch nicht sehr herzlich – mehr bekommen, als ich brauchte. So werde ich gleich morgen früh nach dem Frühstück den Zug nehmen können.

Auf dem Weg zum Relais treffe ich einen älteren Herrn, der offenbar in dieser Straße wohnt. Er hat mich vor ein paar Tagen angesprochen. Wir haben mühsam einige Worte gewechselt. Er hat sehr freundlich auf meine Auskunft reagiert, dass ich zurzeit im Relais wohne. Heute nickt er mir zu. Ich bin SDF und dazu noch Deutscher, es macht ihm offenbar nichts aus. Das ist die Freundlichkeit, die ich mir von dem Priester gewünscht hätte. In der Begegnung mit Obdachlosen braucht es wohl die richtige Mischung: Wahrnehmen und offen sein und zugleich keine bohrenden Fragen stellen.

Für den Sonntagnachmittag ist ein Ausflug geplant. Wir mussten uns vorher schon entscheiden, ob wir mitkommen. Ich sage zu. Das Haus wird für die Zeit geschlossen. Alle Fensterläden werden zugemacht. Ob das hier nötig ist? Wir fahren in einem Kleinbus des Hauses, begleitet von einem älteren Herrn, nach Gaillac. Das Abteimuseum dürfen wir kostenlos besichtigen und spazieren nachher noch durch einen sehr schönen Park.

Am Abend kommt wieder ein Neuer in unser Zimmer. Er wirkt wie ein braver Familienvater, sitzt da und löst Sudokus. Er und der andere Mitbewohner unterhalten sich über die Qualität der Unterkünfte. Dieses Relais kommt bei dem, der den Tag zuvor gekommen war, ziemlich schlecht weg wegen der „jungen Leute". Er ist lange schon ohne festen Wohnsitz, was ihm äußerlich

27

nicht anzusehen ist. Er erzählt von Emmaüs, den Einrichtungen der Fondation Abbé Pierre[13]: Einzelzimmer, Privatsphäre und fünfzehn Euro in der Woche Taschengeld. Dann zeigt er einen Steckschlüssel, den er einem Eisenbahner mal weggenommen habe. Damit öffne er sich auf Abstellgleisen alte Bahnwaggons, um darin zu schlafen.

In der Nacht schließt der Neue unser Zimmer von innen ab. Ich habe zu tun, es im Dunkeln aufzubekommen, als ich auf die Toilette muss.

Es gibt immer noch Nachtfrost. Gut, dass ich nicht unter irgendeiner Brücke schlafen muss. Am Morgen um 6 Uhr klingelt Frank, seine Aussperrung ist abgelaufen, er darf zurück ins Haus.

Ich frühstücke noch und verabschiede mich bei der Hausmutter. Von den Sozialarbeitern ist noch keiner da. Ich richte einen Gruß aus und will einfach nur nach Hause. Für die Mitarbeitenden bin ich ein Durchreisender gewesen wie sicher viele, die auftauchen und von denen man später nichts mehr hört. Es waren nur wenige Tage. Ich bin voller Eindrücke, als hätte ich eine lange Reise hinter mir.

Vom Bahnhof aus laufe ich zu Fuß. Am Ortsausgang hält eine Frau an und nimmt mich mit. G. ist überrascht. Sie hat noch nicht mit mir gerechnet. Etwas Fremdes ist in der Luft. Es braucht mehr als einen Tag, bis sich das legt.

---

13 Abbé Pierre war ein katholischer Priester, dem es in dem kalten Winter 1954 gelang, die französische Öffentlichkeit auf die Not der Obdachlosen aufmerksam zu machen. Daraus wurde eine Bewegung, die weit über die Versorgung durch Spenden hinaus geht und Hilfe zur Selbsthilfe sowie Reintegration zum Ziel hat. Er war in der französischen Öffentlichkeit so hoch geschätzt, dass eine Zwei-Euro-Münze mit seinem Abbild geprägt wurde. Das ist außergewöhnlich für dieses laizistische Land.

Deutschland – Erfahrungen als Durchreisender

Ich bin in meinem Heimatland Brandenburg und breche von hier aus auf, um durch Deutschland zu ziehen. Mit einem Wochenendticket in der Tasche sitze ich im Zug und will bis Hof kommen. Genau kann ich nicht sagen, was mich dorthin zieht. Ich kenne diese Stadt nicht, war noch nie dort. Mit Hof verbinde ich allenfalls einige interessante Predigten, die ich immer wieder von einem dortigen Pfarrkollegen im Internet fand. Andreas, ein Freund, hat mich am Morgen zum Bahnhof gebracht. Die restlichen Scheine, die ich im Portemonnaie hatte, habe ich ihm in die Hand gedrückt. Er ist auf dem Weg zum Gottesdienst. Er soll sie in die Kollekte legen. Ich will wieder nur mit ein paar Münzen auf den Weg gehen und hoffe, dass mir das Vertrauen gelingt, dass jeder Tag für das Seine sorgt. Gut verwahrt im Rucksack ist noch ein Bahnticket von Stuttgart nach Toulouse für die geplante zweite Unterbrechung dieser besonderen Zeit. Außer diesem Fixpunkt gibt es keinen Plan. Eine Erwägung war auch, in dieser Zeit quer durch beide Länder zu ziehen. Doch ich habe sie verworfen und die Rückfahrt organisiert, um nicht in den nächsten vier Wochen unter dem Druck zu stehen, soundso viele Kilometer am Tag schaffen zu müssen, um zur verabredeten Zeit zu Hause zu sein. Angesichts der Erfahrungen meiner ersten Etappe habe ich mein Handy in der Tasche. So kann ich mal ein Lebenszeichen absetzen, falls ich nirgendwo ins Internet komme.

Hof hat eine Bahnhofsmission. Ich nehme sie wahr, will aber erst mal in die Stadt. Die große Kirche zieht mich an, sie ist katholisch. Eine Passionsandacht wird angeboten. Sie wird runter gelesen, nichts spricht mich an. Bin ich überheblich in meinem Urteil? Eine Messe schließt sich an. Die Predigt ist lebensfern. Ich schweife ab. Hänge mit meinen Gedanken in vergangenen Lebensphasen zwischen Rechtfertigung und Selbstvorwürfen. Ob ich mir irgendwann verzeihen kann? Ob es mir gelingt, den ganzen Kram mal loszulassen? Die Orgel spült die überwiegend aus älteren Leuten bestehende Gemeinde hinaus. Ich frage in der Kirche nach der Notunterkunft. Der Messdiener ist bereit, mich hinzufahren. Es ist ein erwachsener Mann. Ich dachte immer, diese Aufgabe übernähmen nur Kinder und Jugendliche. Er kann sich gar nicht vorstellen, dass man ohne Wohnung leben kann. Dann will er wissen, ob ich denn ab und zu zur Kirche gehe. Ja, antworte ich.

In der Notübernachtung des örtlichen Diakonischen Werkes informiert man mich, dass ich als „Selbstzahler" übernachten dürfe. Das kostet 6,20 Euro – mit Frühstück mehr. Mit einem Übernachtungsschein der Bundespolizei sei es aber für eine Nacht umsonst. Wenn ich länger bleiben wolle, müsse ich selbst zahlen oder mich um einen Kostenträger wie das Sozialamt bemühen. Zwei Euro sind noch in meiner Tasche, also los zur Dienststelle der Polizei im Bahnhof. Dort stellt man fest, dass mein Ausweis auf der Fahndungsliste steht, o Schreck! Mir waren vor einigen Monaten in Stuttgart alle Papiere gestohlen worden. Nach längerer Zeit kam mein Ausweis zurück. Die dortige Polizei hat offenbar vergessen, ihn aus der Fahndung zu nehmen. Zum Glück glaubt man mir, dass ich identisch bin mit der Person, die die Plastikkarte beschreibt. Sie löschen den Vermerk in ihrem Computersystem. Hoffentlich wissen das die künftigen Computer auch, denn in Deutschland läuft ohne Ausweis nichts, wenn man auch nur die geringste Hilfe in Anspruch nehmen will, wie ich in den nächsten Wochen erfahren werde.

In der Notübernachtung hat ein Zivi Bereitschaftsdienst. Ich bekomme eine Tütensuppe warm gemacht und eine alte Scheibe Graubrot dazu. Das Zimmer hat zwei Doppelstockbetten und eine Sanitärzelle. Trotz des Rauchverbots riecht es verraucht. Auf den ersten Blick sind die Betten sauber, doch mit dem zweiten sehe ich allerhand kleine schwarze Krümel. Ein Laken ist total zerlöchert. Es ist wohl besser, meinen leichten Schlafsack zu nehmen. Ganz angenehm ist das nicht, aber ich habe ein Dach über dem Kopf und die Möglichkeit zur Körperpflege. Für den Moment bin ich ganz froh, allein hier schlafen zu dürfen, obwohl ich ja auch das Milieu kennenlernen und mit Betroffenen in Kontakt kommen will.

Morgen will ich weiter nach Süden, denn der Weg zum Sozialamt ist für mich verschlossen. Eine Fahrkarte nach Nürnberg kostet zwanzig Euro. Ich muss an Geld kommen oder trampen, mal sehen wie das Wetter ist.

Der Morgen fühlt sich depressiv an. Ich hasse diesen grauen Schleier, der sich immer wieder auf meine Seele legt. Ich erbitte das mir zugesagte Frühstück. Eine Frau hat Dienst. Sie kontrolliert erst das Dienstbuch, ob mir wirklich ein Frühstück zusteht. Dann gibt es Nescafé, zwei Scheiben von dem alten Brot von gestern Abend, Butter und eine Marmelade. Höflichkeit ist im Raum, aber keine Freundlichkeit, Wärme schon gar nicht. Auf in die Stadt. Die evangelische Lorenzkirche, an der ich zufällig vorbei komme, ist zu. Der Mann, der das Grundstück pflegt, vertröstet mich auf morgen. Dann nehme ich mir eine stille Zeit halt in der katholischen Kirche. Wo finde ich nur diese Hospitalkirche, wo diese ansprechenden Predigten her kamen? Ob ich den Pfarrer mal sehen kann? Wer sucht, der findet. Doch auch diese Tür ist zu. Ein freundlicher Orgellehrer und seine Schülerin lassen mich schließlich ein.

Später in der Stadt setze ich mich an eine Bushaltestelle und beginne Mundharmonika zu spielen. Eine junge

31

Frau kommt aus einem Fotogeschäft und fragt, ob sie mich fotografieren darf. Ich stimme zu. Auf Nachfrage erzählt sie, dass sie Praktikantin sei und eine Präsentationsmappe erarbeite. Sie sammle Gesichter besonderer Menschen. Eigentlich könnte sie mir ja was geben, denke ich. Doch in mir zögert etwas, sie zu fragen. Schließlich ist sie Praktikantin und hat sicher kein wesentliches Einkommen.

Mit der Mundharmonika und meiner Mütze neben mir bettelt es sich viel leichter, als einfach nur so. Ich habe das Gefühl, auch etwas zu geben. „Haben Sie heute schon etwas gegessen?" Vor mir steht eine freundliche Frau. „Hier, für eine Mittagsmahlzeit!" In der Mütze liegen fünf Euro. Ich bin sprachlos und voll Freude.

Am Vormittag hatte mein Restbestand von zwei Euro mich gerettet. Ich musste dringend auf die Toilette. Doch die öffentliche öffnete ihre Tür nur gegen 50 Cent. Das gehört zu den Problemen, die ich vorher nicht wahrgenommen hatte. Wo geht man als Obdachloser am Tag aufs Klo? So mancher McDonald's hat Drehkreuze vor den Toiletten eingeführt. Später komme ich auf eine geniale Lösung. Man muss nur in einem Bahnhof nach einem bereitgestellten Zug schauen, dessen Abfahrzeit noch nicht ran ist...

Das Bettelgeschäft läuft schlecht. Ich wechsle den Platz. Innerhalb der nächsten zwei Stunden werde ich übersehen, überhört, bis mir eine Frau 70 Cent gibt. Spiele ich so schlecht? Na ja, ich habe keine Hits drauf oder Evergreens und so. So komme ich jedenfalls nicht weiter. Ich gehe in eine Buchhandlung, schmökere ein wenig und falte regionale Landkarten auseinander, um für mich eine Richtung zu finden. Dann ist es da: ich will Richtung Bayreuth/Erlangen aufbrechen – heute halt zu Fuß die Saale entlang. Mit einem Brot aus dem Backshop im Rucksack laufe ich los auf einem Uferwanderweg und bin voller Erinnerungen an einen gemeinsamen Urlaub in Thüringen, in dem wir zu zweit an der Saale entlang geradelt sind.

Mein Blick hat sich verändert. Ich scanne die Landschaft und Grundstücke, wo mein nächster Schlafplatz sein könnte – dort eine Nische unter einer Brücke, da ein verfallener Hof und im Ortseingang von Schwarzenbach ein parkartiges Gelände, das einen Unterstand hat. Am Ortseingang ist ein Pflegeheim der Diakonie, im Ortszentrum neben der Kirche ein sehr schön restaurierter alter Pfarrhof. Mein Weg führt zum Bahnhof, um zu sehen, wie ich unter Umständen weiter kommen könnte. Dann zum EDEKA-Markt. Ich setze mich vor die Tür und spiele auf der Mundharmonika. Was dann los geht, ist überwältigend. In meiner Mütze sammeln sich so viele Münzen, wie ich es bisher noch nicht erlebt habe. Auch Jugendliche sind unter den Gebenden. Eine Frau schenkt mir dazu eine Brezel. Auf der anderen Seite des Eingangs arbeitet in einem Dönerwagen ein junger Türke. „Haben Sie Hunger?" Er macht mir einen Döner. Die Bierdose lehne ich freundlich ab, habe mein Wasser dabei. Er fragt, ob ich Kinder hätte. „Ja, vier, aber die sind alle schon groß." Das Entsetzen steht ihm ins Gesicht geschrieben. „Das gäbe es bei uns nicht! Da kümmern sich die Kinder um die Eltern, wenn sie in Schwierigkeiten sind! Kein Sohn würde seinen Vater auf der Straße sitzen lassen!" Ich muss ihn beruhigen, so entrüstet ist er und ich versuche, ihm klar zu machen, dass das für mich im Moment in Ordnung ist.

Eine Grundfrage tat sich hier auf. Wie antworte ich auf Fragen, ohne Geschichten zu erfinden? Wie kann ich authentisch sein, ohne mich zu outen? Wie werde ich der Situation und den schwierigen Erfahrungen anderer Obdachloser gerecht, da ich doch jederzeit meinen Weg abbrechen kann? So einfach kann ich nicht sagen: „Ich bin obdachlos". Das wäre für mich irgendwie ein Hohn gegenüber den tatsächlich Betroffenen. Stattdessen sage ich: „Zur Zeit lebe ich ohne Obdach" oder „Im Moment lebe ich auf der Straße". Der Unterschied ist wohl kaum zu hören. Aber für mich ist es stimmig. Wenn ich nach meiner Herkunft gefragt werde, antworte ich wahrheitsgemäß, dass ich mal Krankenpfleger war, gegenwärtig ohne Arbeit sei und eine Scheidung hinter mir habe." Dann hat kaum einer weiter gefragt. Sie reimen sich ihre Geschichten zusammen. Ich werde bald merken, dass das alle auf der Straße ähnlich machen. Wenn einer nicht erzählt, dringt man auch nicht weiter in ihn ein und denkt sich eben seinen Teil.

Meine Mütze hat sich gefüllt. Der Markt schließt bald. Gegenüber steht ein altes Haus mit toten Fensteraugen. Da müsste ich zur Not schlafen können. Doch zuerst will ich es beim Pfarrer versuchen, denn es ist ziemlich kalt. Ich atme auf, denn die Fenster sind erleuchtet. Es ist jemand da. Schmeckenbecher steht auf dem Schild an der Klingel. Auf das Läuten hin öffnet sich oben ein Fenster, ein Mann schaut herunter. Ob man hier als Durchreisender ein Nachtquartier finden könne? "Ja, kein Problem, ich komme runter." Er erscheint mit dem Schlüssel zum Gemeindehaus, fragt auch, ob ich etwas zu essen brauche. Das Haus ist frisch renoviert. Er entschuldigt sich fast, dass es keine Matratze dort gibt. Die müsse man sich mal beschaffen. Deshalb bietet er mir an, auf den Tischen zu schlafen, falls mir der Boden zu kalt sei. Er würde noch den Küster anrufen, dass der am Morgen nicht erschrickt. Ich habe es warm und trocken und habe eine Toilette. Besser kann es nicht kommen. Ich biete ihm als Dankeschön Arbeit an. Das lehnt er ab. „Das wäre ja Ausnutzung einer Notlage." Er gibt mir einen Schlüssel, damit ich mich sicher fühlen

34

kann. In meiner Mütze zähle ich gut achtzehn Euro, welch ein Schatz!

Jetzt bin ich sicher, dass ich als nächstes nach Bayreuth will. An der Stadt bin ich immer nur vorbei gefahren. Das klingt so interessant. Da liegt etwas Fremdes drin und irgendwie auch Musik. Ob es dort eine Notunterkunft gibt? Es ist sicher gut, aus der Nische des dörflichen Umfeldes hinauszugehen in den städtischen Bereich.

Damit sie sich nicht zu sehr beunruhigt, schicke ich G. eine SMS. Plötzlich finde ich mich wieder als jemand, der sehnsüchtig auf Antwort wartet und damit geht es mir nicht sonderlich gut. Mist, vielleicht war die Idee, das Handy mitzunehmen, doch nicht so gut.

Am nächsten Morgen stehe ich um sieben Uhr auf, es ist warm. Gestern Abend hat irgendwas mit der Heizung nicht geklappt. Als ich um acht aufbrechen will, kommt Pfarrer Schmeckensbecher mit Kaffee und Obst. Er erzählt von der schönen Umgebung des Fichtelgebirges. Ich entschließe mich, mir Zeit zu nehmen, um etwas davon zu sehen. Das Beste ist, ein Stück zu trampen und dann einen der Berge zu besteigen. Doch an der Landstraße, die aus dem Ort führt, habe ich kein Glück. Als nach einer Stunde niemand angehalten hat, gebe ich auf. So laufe ich ins Zentrum zum Bahnhof, dann geht es eben mit dem Erlös vom gestrigen Abend ohne Ausflug in die Natur gleich mit dem Zug weiter.

Freiheitsberaubung?

Die Tür ist zu. Ich bin eingesperrt! Ich ergründe meinen neuen „Wohnbereich". Die Außentür ist drahtverglast, der Holzrahmen massiv. Der Flur ist schmuddelig, das einzige Zimmer, das mir aufgeschlossen worden ist, ebenso. Der Fußbodenbelag ist ein verkeimtes Linoleum. Auf dem Tisch liegen gammlige Platzdeckchen mit Weihnachtsmotiven. Drei Betten gibt es. Auch die Bettwäsche ist schmutzig. Ich mache das Fenster auf. Der Blick prallt etwa vier Meter tiefer auf eine Betonplatte. Wenn hier etwas passiert, einfach rausspringen, das geht nicht. Es gibt einen eisernen Schirmständer im Flur. Mit dem könnte man versuchen, die Drahtverglasung der Tür zu zerschlagen. Besser wäre vielleicht, alle verfügbaren Matratzen und das Bettzeug aus dem Fenster zu werfen und dann zu springen. Im Flur an der Wand gibt es einen roten Notknopf. Er ist dick von schwarzen Spinnweben eingesponnen. Den hat wahrscheinlich seit langem keiner mehr getestet. Ob die Anlage noch funktioniert? Wo endet sie? Ich wage nicht, das auszuprobieren.

Die Dusche riecht muffig und hat Schimmel. Die Toilette ist verkackt. Ich werde wieder meinen Schlafsack nehmen und nicht in der schmutzigen Bettwäsche schlafen. Das hätte ich mir heute Morgen nicht vorstellen können.

Als ich in dieser Stadt angekommen bin, ist es Mittag. Das Zentrum der Stadt rund um das Rathaus wirkt seelenlos. Genau diesen Platz habe ich dann für die Meditation ausgewählt. Ich ziehe die Schuhe aus, setze mich auf eine Bank und gehe in die Stille.[14] Für die, die

---

[14] Als Mose in der Wüste einen brennenden Dornbusch sieht, der nicht verbrennt, geht er neugierig darauf zu und hört eine Stimme: „Zieh deine Schuhe von deinen Füßen, denn der Ort darauf du stehst, ist heiliges Land." (2. Mose 3) Das Ausziehen der Schuhe bei der Meditation drückt meine Vorstellung aus, dass die profane Welt nicht gottlos ist und das Heilige vielleicht gerade im überraschenden Alltäglichen gegenwärtig ist. Siehe auch: Christian Herwatz, *Auf nackten Sohlen. Exerzitien auf der Straße*, Echter Verlag GmbH, Würzburg, 2006

36

mich sehen, bin ich vielleicht einer der vielen Sonderlinge auf der Straße.

Ich spiele Mundharmonika dicht bei den Bushaltestellen – null, nichts! Dann will ich wenigstens die Musik dorthin geben und mich bemühen, mit den Liedtexten innerlich in Kontakt zu bleiben. Es ist mein Versuch, mitten in der Sorge für meinen Lebensunterhalt bewusst mit der Gegenwart des Göttlichen verbunden zu sein.

Mein Weg führt durch die Schlosskirche mit alten Sarkophagen, auf einem steht in Französisch und Deutsch von Voltaire: „... die hier ruht, verstand es zu lieben." Das ist wohl das Größte, was von einem Menschen gesagt werden kann und es ist unabhängig von sozialem Status, Geld, Wohnung oder dem Leben auf der Straße. Ich spiele am Rande einer Fußgängerzone. Fünf Euro fehlen noch zur nächsten Fahrkarte, dann nur noch 40 oder 50 Cent. Ich versuche, mit den Menschen in Augenkontakt zu kommen, Blicke zu sammeln und nicht nur Geld. Es gibt noch andere Straßenmusiker. Da hält man Abstand, um sich nicht gegenseitig zu übertönen. Ich gehe zurück zur Schlosskirche, denn dort ist Beichte für Firmkinder. Es kommen einige Familien, aber es ist nicht viel los. Irgendwie will ich das auch nicht auf die Spitze treiben mit den Kirchen. Wenn man zu viel Hoffnung auf die „Gläubigen" setzt, ist das vielleicht eher enttäuschend. An einem Imbissstand genieße ich eine Wurst mit Brot als meine zweite Mahlzeit heute.

Eigentlich müsste ich mal irgendwo unbedingt ins Internet, um nachzusehen, ob eine dringende Nachricht für mich da ist. Ich versuche es in der Stadtbibliothek, schließe den Rucksack ein und erfahre dann: Eine Viertelstunde kostet 50 Cent. Das ist mir zu fett. Da lobe ich mir doch Schweden, wo es in jedem Tourismusbüro und in Bibliotheken öffentliche und kostenlose

Internetzugänge gibt. Erst einmal will ich meine nächste Fahrkarte zusammen bekommen. Im Garderobenraum sitzt eine Frau mit Gehhilfe auf einer Bank. Sie spricht mich an: „Na, auf der Walz?" Dann greift sie in ihr Portemonnaie und reicht mir 50 Euro rüber. Ich bin fassungslos und habe ein schlechtes Gewissen. Sie sagt: „Sie können es gut nehmen. Ich habe es ehrlich verdient und ich habe genug." Sie fragt nach meinen Lebensumständen. Und ich sage die zwei, drei Sätze mit „zur Zeit ohne Arbeit" und „Scheidung"... Und sie erzählt mir sehr persönlich aus ihrem Leben und wie es dazu kam, dass sie jetzt genug zum Leben habe trotz Scheidung. Und plötzlich bin ich auch überreich. Ich gehe in ein Internetcafé und finde keine Nachricht vor, weder von der Fotografin, die versprochen hatte, mir Bilder zu schicken, noch von G., der ich kurz schreibe.

Wenn ich zum dritten Mal aufbreche zum letzten Abschnitt dieser außergewöhnlichen Erfahrung, sollte ich vielleicht das Handy wieder zu Hause lassen. Dieses Warten auf eine Nachricht macht mich verrückt.

In einer evangelischen Kirche besuche ich eine Abendandacht: 5 nach 5 für 10 Minuten. Ein „Superintendent im Ruhestand" erzählt etwas über die Zeit, dazu gibt es ein illustriertes Blatt. Nichts erreicht mich hier. Ich frage nach einer Notunterkunft. Keiner weiß etwas. Eilig versucht man mir zu helfen, indem man mir die Telefonnummer der Jugendherberge gibt. Ich merke, man möchte mich und das Problem schnellstmöglich los werden. Ich laufe zum Bahnhof. Vielleicht weiß die Bundespolizei wie in Hof weiter. Die ist aber in Bayreuth nicht zuständig. Da müsse ich mich an die örtliche Polizei wenden. Ich bekomme eine Adresse und ungefähre Wegbeschreibung und ziehe weiter. So einfach ist das Revier gar nicht zu finden. Dort werde ich in einem großen Buch erfasst. Mein Ausweis wird notiert. Ich werde belehrt, dass ich mich strafbar machen würde, wenn ich nicht mittellos sei, und bekomme den Übernachtungsschein. Der Weg führt an den Stadtrand. Ich solle mich aber beeilen, denn ich müsste vor 20 Uhr dort sein. Wieder laufe ich los. In den nächsten Wochen werde ich noch sehr viel laufen, um Fahrgeld zu sparen. Vermutlich wird es kalt in dieser Nacht, eisige Feuchtigkeit liegt in der Luft. Ich finde das Haus am Stadtrand. Alles sieht ziemlich heruntergekommen aus. So eine Art Hausmeister geht mit mir eine Außentreppe hoch, schließt die Tür auf, öffnet ein Zimmer, wirft ein paar Bretterstücke in einen kleinen Ofen und legt Kohlenanzünder brennend dazu. Er erklärt mir, dass er am Morgen um sechs öffnen würde. Um sieben müsse ich verschwunden sein. Dann ist er fort und schließt die Tür von außen ab! Ich kann gar nicht reagieren, bin fassungslos. Es bleiben Fragen. Ist das nicht Freiheitsberaubung im Sinne des Strafgesetzbuches? Ist das ein Alleingang dieses Mitarbeiters oder wissen seine Vorgesetzten davon? Ob gewollt oder nicht, es hat seine Wirkung auf Durchreisende. Auf der Straße erzählt man sich das schnell weiter: Bayreuth kann ich dir nicht empfehlen![15]

Pünktlich um 6 Uhr werde ich geweckt. Ich mache mich fertig. Beim Duschen ersetzt ausgelegtes Toilettenpapier die Badelatschen. Um 7 Uhr bin ich raus. Langsam wird es hell. Alles ist überfroren.

Wie geht es weiter? Mir ist bewusst, dass ich in die Städte gehen muss, wenn ich das Milieu kennenlernen

---

[15] Monate später rief ich bei der Wohnungslosenhilfe des dortigen Diakonischen Werkes an. Die Nummer hing auf einem vergilbten Zettel im Flur der Notübernachtung. Ich wollte die Zustände schildern. Der Mitarbeiter war genervt. Ich solle mich selbst an die Stadt wenden, er würde sich nicht noch zusätzlich „was auf den Tisch ziehen".

will. Natürlich kann ich durch die Dörfer reisen, wie es mancher gemacht hat, der vor Jahren an meine Tür klopfte und einen Schlafplatz bekam. Das bringt mir sicher manches Erlebnis, aber weniger Kontakt zur Szene. Ich werde nach Ulm fahren. Mit einem Bayernticket kann ich das gerade erreichen. Ich ahne, dass es irgendwann nötig sein könnte, ganz unter die Brücken zu gehen. Doch das hebe ich mir noch auf.

Ich laufe zurück in die Innenstadt, um dort zu meditieren, in die Stille zu gehen. Meine Bank von gestern ist überfroren. Ich meditiere stehend. Gerade mal 10 Minuten halte ich aus. Dort gibt es eine Bäckerei, die sich als Partner der Tafel zu erkennen gibt. Ich kaufe ein frisch belegtes Körnerbrötchen und einen Cappuccino. Der Verkäufer verlangt deutlich weniger als den regulären Preis, ohne dass ich um einen Nachlass gebeten hätte. Das sind berührende Momente gelebter Menschlichkeit. Zum berühmten Festspielhaus laufe ich und schaue es mir wenigstens von außen an. Ob ich als Obdachloser die Chance hätte, an einer Führung teilzunehmen? Aber heute wird keine angeboten.

Im Schaukasten der Caritas lese ich:

> Achte gut auf deinen Tag,
> denn er ist das Leben -
> das Leben allen Lebens.
> In seinem kurzen Ablauf
> liegt alle seine Wirklichkeit
> und Wahrheit des Daseins,
> die Wonne des Wachsens,
> die Größe der Tat,
> die Herrlichkeit der Kraft.
> Denn das Gestern ist nichts als ein Traum
> und das Morgen nur eine Vision.

Das Heute jedoch,
recht gelebt,
macht jedes Gestern
zu einem Traum voller Glück
und jedes Morgen
zu einer Vision voller Hoffnung.
Darum achte gut auf diesen Tag.

Maulana Jalal ad-Din Rumi, 1207-1273
persischer Dichter und Mystiker des Islam

Das ist genau die Haltung, die ich für meinen Weg brauche: in der Gegenwärtigkeit sein, nicht in meiner Vergangenheit rumhängen mit innerer Anklage, Vorwürfen und Trauer und auch nicht in Zukunftssorgen. Wie schafft man das, im Bewusstsein der Gottesgegenwart zu bleiben? Gegenwärtig bleibt das Göttliche ohnehin. Aber ich bin mir über weite Teile des Tages dessen nicht bewusst.

In der alten schönen Innenstadt entdecke ich das Café „Kraftraum" – bio und fair. Dank der Großzügigkeit der Frau gestern kann ich mir ein warmes Mittagessen leisten, eine vegetarische Lasagne.

Die Kellnerin sagt: „Sieht nach einer Wanderung aus." – „Ich lebe im Moment ohne Obdach." – „Darf man fragen, welche Gründe dahinter stehen?" – „Ich will da mal durch." – „Da kann man sicher eine Menge wichtiger Erfahrungen machen. Wo geht es jetzt hin?" – „Ich denke nach Ulm." – „Da hab ich einen Freund. Darf ich dem Ihre Telefonnummer geben?"

Zögernd schreibe ich die Nummer auf. Ob sie mich zurückrufen, einen Fremden, von dem man weiß, dass er obdachlos ist?[16]

---

[16] Der Anruf blieb aus.

41

Das Schlosstheater darf ich freundlicherweise ohne Eintritt ansehen. Dann lass ich mich durch den wunderschönen Park treiben. Mein Vermögen von gestern gebe ich her, indem ich es an andere Straßenmusiker aufteile. Ich will versuchen, ohne Vorräte zu leben. Im Zug nach Ulm sitzend bei wunderbarem Wetter habe ich noch 7,60 Euro in der Tasche. Der Zug kommt dort kurz nach halb fünf an. Ich bin gern noch bereit, etwas von meiner Barschaft abzugeben. Vor dem Bahnhof hängen einige alkoholisierte Männer rum. Denen will ich nichts geben. Dazu sprechen sie eine mir fremde Sprache. Ich nehme wahr, welche Unterschiede ich mache. Doch davon profitieren eine Bettlerin und ein Bettler in der Fußgängerzone.

Dann lasse ich mich dort nieder und mache Musik, versuche, in den Texten meiner Lieder zu sein. Nach anderthalb Stunden habe ich etwa elf Euro. Davon bekommt ein anderer junger Straßenmusiker noch etwas ab. Langsam muss ich mich um eine Schlafgelegenheit kümmern. Die Mitarbeiter der Bahnhofsmission sind ausgesprochen freundlich. Sie schicken mich zu einem DRK-Wohnheim. Dort treffe ich auf Männer und Frauen. Ich muss mich ausweisen. Eine Karteikarte wird angelegt. Wer keine Kostenübernahme vom Sozialamt mitbringt, darf als Selbstzahler für drei Euro pro Nacht bleiben. Hier gibt es also mal etwas Niedrigschwelliges. Es gibt auch Leute, die sich hier den Tag über aufhalten und dann scheinbar nach Hause gehen. Andere kommen zum Übernachten und sind den Tag über unterwegs. Eine Frau, die strickend in der Fußgängerzone gesessen hat und von mir etwas bekam, erkennt mich wieder. Sie heißt Kati und lädt mich auf einen Tee ein. Ein Tee kostet hier zehn Cent. Dem Aushang entnehme ich, dass es um 18 Uhr für einen Euro ein Abendessen gibt. Bis 22 Uhr muss man sich einfinden. Alkohol ist abzugeben. Ich bekomme gegen drei Euro Pfand einen Schlüssel für einen Schrank auf dem Flur und ein Bett in einem Sechs-Bett-Zimmer.

Am Morgen ist etwas Depressives in mir. Ich ahne, dass mir der Weg noch lang und schwer werden kann. Doch wie geht es denen, die da länger oder dauerhaft drin sind, die keine Wahl haben? Ich meditiere vor einer Kneipe „Der Barfüßer“. Das passt irgendwie. Die Kälte bricht in mich hinein. Gestern war so ein richtiger früher Frühlingstag. Heute sieht es nicht so toll aus. Im Münster läuft eine deutsch-französische Führung, ein Geschenk des Himmels. Ich halte mich in der Nähe auf und lausche. Als ich mich bei der Führerin für das Mitgehen mit der Gruppe entschuldige und zugleich Danke sage, giftet sie mich an. Den Turm darf ich Dank der freundlichen Kassenfrau aber ohne Eintritt besichtigen. Sie verwahrt sogar meinen Rucksack. 768 Stufen sind es auf diesen höchsten Kirchturm der Welt. Er beeindruckt mit 161 Metern Höhe, die erst nach über 500 Jahren Bauzeit erreicht wurden.

Von „Kollegen“ erfahre ich, dass sie vom Sozialamt einen Tagessatz von zwölf Euro bekommen. Dazu ist ein ALG-II-Antrag nötig. Es gibt Obdachlose, die nichts bekommen. Einer der Mitbewohner hat seine Kündigung in der Tasche, hat noch Lohnanspruch, aber es wird nicht gezahlt. Das Jobcenter verweist ihn auf seinen Anspruch. Er hängt in der Luft, bzw. im DRK-Heim rum. In der Fußgängerzone treffe ich Kati wieder. Sie ist sauer. In der Nähe ist ein blinder Drehorgelspieler, der sei aber gar nicht richtig blind. Er verderbe das Geschäft, weil sein Auftreten besser ziehen würde. Obdachlosenkonkurrenz! In der Bahnhofsmission hole ich mir einen Kaffee. Dort treffe ich Holger, einen jungen Mann. Er erzählt mir von seiner Zeit in Südfrankreich. Dort sei es angenehmer, weil der Winter

43

nicht so kalt wäre. In Sète am Mittelmeer hätte er ganz gut gelebt, da er bei Fischern mithelfen durfte. Ich höre aufmerksam zu. Ob das für mich noch was wäre? Im Moment will ich weiter Richtung Stuttgart. Mein Geld reicht für eine Fahrkarte nach Zucker. Klingt doch irgendwie nett.

Das Städtchen wirkt sehr ordentlich und sauber. Am Kirchengelände belehrt ein Schild „Der Kirchhof und der Eingangsbereich des Gemeindehauses sind Eigentum der evangelischen Kirchengemeinde. Unbefugte Benutzung ist nicht gestattet." Am Spätnachmittag ist Sprechstunde. Mal sehen, wo hier ein Nachtquartier zu finden ist. Ein Schaukasten der Kommune informiert über den Ort. Man ist sehr stolz darauf, dass es hier fast keine Arbeitslosigkeit gibt. Alles atmet Wohlstand. Vor dem Netto-Supermarkt spiele ich meine Lieder. Die Menschen wirken offen. Eine Frau gibt mir fünf Euro. Ein Handwerker gibt Geld in die Mütze und will mir ein Bier geben. Eine Frau fragt mich, ob ich Bananen mag und gibt mir dann einen ganzen Schwung. Es tut gut, in dieser Weise angesprochen zu sein. Nach etwa einerhalb Stunden spricht mich eine Verkäuferin an: „Der Marktleiter ist gekommen. Und ich muss Ihnen leider sagen, dass Sie gehen müssen." Es ist ihr offensichtlich unangenehm, denn sie kommt noch einmal zurück und gibt mir einen Euro. Warum kann so ein Mann mir das nicht selber sagen und lässt seine Mitarbeiterin die „Drecksarbeit" machen? Soll ich mein Glück noch woanders versuchen? Doch ich habe genug für den Tag und kaufe ein, gönne mir Wurst und Käse. Ich bummle durch den Ort, um zu sehen, wo ich schlafen könnte, falls meine Hoffnung auf das Pfarrhaus sich als Luftnummer erweisen sollte. Auf dem Spielplatz des katholischen Kindergartens gibt es ein Häuschen, das mich schützen könnte. Ich müsste nur über den Zaun klet-

44

tern. Am Pfarrhaus der evangelischen Gemeinde steht, dass bis 19.30 Uhr Sprechzeit sei. Ich bin um 19.15 Uhr dort. Der Pfarrer ist nicht da, aber die Sekretärin. Sie lässt mich nicht ein, verhandelt durch das Fenster mit mir. Dabei ist sie sehr freundlich. Sie meint, dass es ein paar Orte weiter ein Männerwohnheim der Heilsarmee gäbe und versucht dort anzurufen, erreicht aber niemanden. Der Pfarrer sei heute zur Verabschiedung des Bürgermeisters und komme sicher nicht vor 22 Uhr zurück. Sie könne nichts entscheiden. Ich beschließe zu warten. Auf meine Bitte hin füllt sie mir die Wasserflasche. Es ist angenehm mild, der wohl wärmste Abend der ganzen letzten Zeit. Kurz vor acht kommen allerhand Menschen ins Gemeindehaus. Es ist Chorübungsstunde. Auch die Sekretärin eilt hin. Sicher bin ich Thema da drinnen, denn man kann mich auf der Bank auf dem Gehsteig nicht übersehen. Gegen halb zehn ebbt der Gesang ab. Eine Frau schießt, gerade vor sich hin blickend, an mir vorbei aufs Pfarrhaus zu und durch die Eingangstür. Ich vermute, es war die Pfarrfrau, die es vermeiden wollte, angesprochen zu werden. In der oberen Etage geht Licht an und verlischt bald. Scheinbar ist sie schlafen gegangen. Die anderen Sängerinnen und Sänger sammeln sich vor mir auf der Straße. Eine sagt: „Ach, da hätten Sie ja mit uns mitsingen können." – „Ja, ich singe Tenor." – „Sie sind auf der Durchreise?" – „Ja, ich leb im Moment auf der Straße." Betretenes Schweigen. Sie verabschiedet sich und fährt los. Ein anderer wünscht mir ein „Guts Nächtle!", steigt in sein Auto und entschwindet. Unsicherheit liegt in der Luft. Bald bin ich allein. Ich ärgere mich, dass ich nicht klar gesagt habe: Ich suche noch ein Dach über dem Kopf für diese Nacht.

Der Pfarrer kommt zwanzig nach zehn angehastet. Ich stehe auf, gehe über die Straße und spreche ihn an,

45

bevor er im Haus verschwinden kann. Ich sage ihm, dass ich einen geschützten Platz zum Schlafen suche für diese Nacht. „Wenn sie mit meiner Sekretärin gesprochen haben, dann hat die sicher alles versucht. Da kann ich ihnen nicht helfen!" – „Könnte ich nicht im Windfang des Gemeindehauses schlafen, ich habe Isomatte und Schlafsack dabei?" – „Das geht nicht, da ist ein Bewegungsmelder, da würde ja immer das Licht angehen." Ach du Schreck, denke ich. Ich hatte innen im Windfang gedacht, zwischen den Türen und er erklärt mir gerade, warum es noch nicht mal vor der Tür geht! – „Ich würde auch in der Kirche schlafen." – „Da müsste ich den Messner fragen und den kann ich so spät nicht anrufen." Ich glaube, ich höre nicht richtig. Dieser Pfarrer gibt vor, nicht die Entscheidungskompetenz zu haben, mich in die Kirche zu lassen! „Tut mir leid, ich kann wirklich nichts für Sie tun." Ich ringe mit meiner Fassung, irgendwie habe ich tief darauf vertraut, dass er eine Lösung hat, die mir wenigstens ein Dach über den Kopf bringt und mir entschlüpft: „Tut es ihnen wirklich leid?" – „Ja", und die Tür ist zu und er ist weg, als wäre er gar nicht da gewesen. Wo verbringe ich jetzt die Nacht? Ich will beim Pflegeheim im Ortszentrum fragen. Die Tür ist noch offen, ich geistere durch die Gänge, bis ich endlich einen Pfleger finde, der aus einem der Zimmer kommt. Nein, er könne mir auch nicht helfen, er habe keine Idee. Ich gehe zurück in die Dunkelheit. Vor dem Haus steht der heilige Martin, seinen Mantel teilend. Leider ist er zu Bronze erstarrt. Trotz Verbotsschild umrunde ich die Kirche. Auf einer Seite gibt es außen eine nach oben führende Holztreppe. Darunter stehen Mülltonnen. Die rücke ich ein bisschen raus und habe meinen Unterschlupf. Aus der oberen Etage des gegenüber liegenden Hauses könnte man mich sehen. Hoffentlich entdeckt mich keiner und ruft

46

die Polizei. Ich habe Glück, es wird die wärmste Nacht der ganzen letzten Zeit und auch der kommenden. Ich ziehe das Gesicht in den Schlafsack, denn der Wind streift mich kühl. Nachdem die Enttäuschung gesackt ist, finde ich mich in einem tiefen Frieden wieder. Wer weiß, warum dieser Pfarrer so ist und was ihn gerade beschäftigt hat? Vielleicht ist er sonst ganz anders drauf. Am Morgen wecken mich die Glocken. Es läutet mehrfach um halb sieben, um sieben und um halb acht. Dazu wird jede volle Stunde zweimal angeschlagen. Erst kommen die Schlagzahl der vollen Stunde und nach einer kurzen Pause noch mal. So etwas habe ich noch nie gehört. Das müsste man mal ergründen. Ob das für die Leute ist, die beim ersten Mal nicht mitgezählt haben? Gut geschlafen habe ich. Es ist Zeit, meine Sachen zu packen, damit mich keiner hier sieht. Das wäre mir unangenehm. Da ist wieder dieses Schamgefühl. Vielleicht sollte ich auf der Bank vor dem Pfarrhaus frühstücken! Aber ich will nicht provozieren. Und ich spüre eine selbstgerechte Seite in mir, weil jeder Durchreisende, der an meine Tür geklopft hat, damals ein Quartier bekam. Ich gehe weiter in den Ort, sitze vor dem Rathaus auf einer Bank, ziehe die Schuhe aus, meditiere und frühstücke anschließend. Ich werde nach Stuttgart weiter fahren. Das Geld ist mir gestern ja von freundlichen Menschen zur Verfügung gestellt worden. Beim Warten auf dem Bahnsteig erscheint plötzlich der Pfarrer. Er sieht mich, kommt auf mich zu. „Haben sie denn gestern Abend noch eine Unterkunft gefunden?" Das überrascht mich und rührt mich an. „Nein, ich habe draußen geschlafen." – „Gut!" Und wieder ist er weg, ist die Tür zu, obwohl er noch vor mir steht. Er wendet sich ab, eilt weiter und steigt in das andere Ende des Zuges. Mir schießt durch den Kopf, wie er das wohl predigt: „Brich den Hungrigen dein Brot…" Ich beschließe, an kein Pfarrhaus mehr zu klopfen. Ich will nicht in so eine Dynamik kommen, die Pfarrkollegen zu testen. Das war auch gestern Abend nicht meine Absicht. Aber mein Weg würde dazu verkommen. Dazu bin ich nicht auf der Straße. Ich habe die letzte Nacht geschützt geschlafen und bin ohne depressive Stimmungen aufgewacht, was will ich eigentlich mehr?

Notunterkünfte in und um Stuttgart

Ein paar Tage bleibe ich in Stuttgart. Ich vermeide die Straßenbahn und laufe durch die Stadt. Es sind über die Hügel weite Wege, aber so kann ich ein paar Euro Fahrgeld sparen. Zwei Nächte schlafe ich im Performance-Hotel, einem Kunst- und Kulturprojekt. Es ist eine Art Hostel und wird von einem koreanischen Studenten betrieben. Man kann dort zu minimalsten Beträgen übernachten, wenn man eine Performance anbietet. Er lässt mich von der Straße erzählen und filmt das. „Das ist deine Performance!" Ein bisschen Geld kann ich ihm lassen. Ich bekomme sogar ein Frühstück dort.

In der Nähe habe ich vor dem ALDI-Markt Mundharmonika gespielt. Eine Frau spricht mich an. Sie beneidet mich um mein Frei-und-ungebunden-Sein, gehen zu können, wohin ich will. Sie ist doppelt gebunden durch ihre einhunderteinjährige Mutter und einen behinderten Pflegesohn. Sie ist voller Sehnsucht nach Freiheit.

Für die nächste Nacht versuche ich es am Abend über die Bahnhofsmission, ich bin völlig blank. Es ist ein ganz kleines Büro im Hauptbahnhof. Freundlichkeit kommt mir entgegen, verbunden mit einer Tasse Kaffee. Die Mitarbeiterin telefoniert. Es ist wieder kalt nachts. Alle Notübernachtungen in Stuttgart sind voll

48

belegt! In Bad Cannstatt kann sie ein Bett für mich sichern, im Männerwohnheim der Caritas. Wie ich dort hinkäme, sei aber mein Problem. Ich brauche 2,60 Euro für die Fahrkarte. Ich spreche im Bahnhof Menschen an. Das läuft hier offenbar ganz anders als damals in Lisle-sur-Tarn. Der erste sagt zwar „nein". Doch dann bekomme ich gleich ein Zwei-Euro-Stück und beim nächsten noch einen Euro. Ich kann mich auf den Weg machen. Das Carlo-Steeb-Haus der Caritas bietet Platz für ca. 170 (!) wohnungslose Männer. Auch hier werde ich freundlich aufgenommen. Ein Übernachtungsschein der Polizei ist nicht nötig. Ist daran spürbar, dass ich nicht mehr in Bayern bin? Im Keller gibt es ein Drei-bettzimmer für Durchreisende wie mich. Das Zimmer ist sauber, die Bettwäsche auch. Im Zimmer ist ein fast unerträglicher Geruch, der von einem Mitbewohner ausgeht, der sich noch nicht einmal die Mühe gemacht hat, sein Bett zu beziehen.

Ein reichhaltiges Frühstück ist inklusive und wenn ich will, könnte ich bis zum Mittagessen bleiben. Ein länge-rer Aufenthalt wäre mit einer Kostenübernahme vom Sozialamt möglich oder mit 26,80 Euro pro Tag als Selbstzahler. Ich werde auf Beratungsmöglichkeiten hingewiesen und erhalte die Durchschrift der Übernach-tungsmeldung, die an die Polizei geht. Am Bahnhof setze ich mich auf eine Bank und klemme an die Iso-matte ein Schild, dass ich Geld für eine Fahrkarte brau-che. Während ich Erlebtes notiere, kommt die Fahrkarte ganz schnell zusammen. So hat mich Stuttgart schnell wieder.

Für die nächste Nacht versuche ich es rechtzeitig bei der Heilsarmee. Es ist ein Männerwohnheim wie in Bad Cannstatt. Ich frage schon am Nachmittag dort an und habe Glück, bekomme ein Bett, wieder in einem Fünf-bettzimmer für die Durchreisenden. Es sind sehr schöne Holzbetten. Das ganze Haus ist gut renoviert. Fast alle Bewohner haben inzwischen Einzelzimmer. Der Diakon, der hier arbeitet, sagt aber dazu, dass das nicht nur wegen des Wohnkomforts sei. Es gibt so einfach wesentlich weniger alkoholbedingte Konflikte. Die Toiletten sind verpisst. Das liegt sicher daran, dass viele Bewohner „Zielprobleme" haben. Auch hier darf man als Durchreisender eine Nacht bleiben. Abendbrot und Frühstück sind gesichert. Alkohol mitzubringen ist tabu. Es gibt allerdings Männer, die total betrunken zurück kommen. Die Bewohner dieser Männerwohnheime gelten als wohnungslos, haben aber faktisch ein Dach über dem Kopf und sind versorgt. Viele sind vom Alkohol gezeichnet. Beim Abendessen sitzt mir ein Mann gegenüber, der die ganze Zeit völlig unverständlich vor sich hin murmelt. Dann schläft er ein. Ich betrachte ihn. Die Ohren sind kaputt, völlig vernarbt – Erfrierungen? Auch die Hände sind entstellt und voller Narben. An einigen Fingern fehlen die Nägel. Am nächsten Morgen macht ein anderer Mann ein riesiges Theater, weil er kein Frühstück bekommt. Er macht richtig ein Fass auf, weil man ihm sein Essen vorenthalte. Dass er vor einer halben Stunde schon gefrühstückt hat, ist in seinem Gehirn wie ausradiert.

Mir bleibt in Stuttgart noch eine Chance für eine weitere Übernachtung. Ich habe von einem Haus gehört, das von dem Verein Nestwerk als Erfrierungsschutz im Winter betrieben wird. Ich suche es – wieder zu Fuß – und werde fündig. Es ist ein in die Jahre gekommenes Mietshaus und bietet auf mehreren Etagen Unterkunft für 60 Obdachlose[17]. Es gibt noch ein Bett für mich in einem Mehrbettzimmer. Das Büro wirkt sehr proviso-

---

[17] Das Haus gibt es heute nicht mehr, da der Verein zwischenzeitlich ein Insolvenzverfahren einleiten musste.

50

risch. Ich bekomme Einwegbettwäsche aus einem Karton. Meine Sachen könnte ich in einen Schrank schließen, wenn ich denn ein Schloss mithätte. Es gibt 38 Betten für Männer, die übrigen sind für Frauen und Paare. Wenn ich wollte, könnte ich sogar länger bleiben. Die einzige Bedingung wäre, dass ich ab dem zweiten Tag zum Gesundheitsamt gehe und mich röntgen lassen müsse. Tuberkulose ist wieder ein Thema auf der Straße. An einem Anschlagbrett sehe ich, dass „Ärzte der Welt" – die deutsche Sektion von Médecins du Monde in Zusammenarbeit mit anderen Trägern der Wohnungslosenhilfe über ihr Med-Mobil, einen umgebauten Rettungswagen, eine medizinische Basisversorgung auf der Straße anbieten, beeindruckend. Sie erreichen Obdachlose, ebenso wie Frauen im Rotlichtmilieu und Menschen ohne Papiere. Viele Obdachlose gehen nicht zum Arzt. Auch sie müssen die Praxisgebühr[18] zahlen, die sie kaum aufbringen können.

Im Haus finde ich Jakob, den Freund von Kati aus Ulm, von dem sie mir erzählt hat. Er wohnt im Nachbarzimmer. Auf ihre Grüße reagiert er freundlich. Doch sie sei keine Beziehung für ihn. Sie sei ein bisschen verrückt und er habe eine Freundin hier und eine Wohnung in Aussicht.

Mit ihm im Zimmer wohnt Heiko. Der musste letzte Nacht in die Klinik. Sein Arm ist von Schnitten zerfurcht. Er kommt aus Thüringen, hat in der DDR Agrotechniker gelernt und nach der Wende in Griechenland gearbeitet. „Mein Vater hat mir beigebracht, mich zu verteidigen". Aus diesem Grund hat er – in welchem Zusammenhang auch immer – dort zwei

---

[18] Die Praxisgebühr von 10 Euro im Quartal ist inzwischen auf Grund ihres hohen Verwaltungsaufwandes wieder abgeschafft worden.

51

Polizisten zusammengeschlagen. Das brachte ihm zweieinhalb Jahre Haft ein. Das war so furchtbar. Da will er nie wieder hin. Da schlägt er sich lieber selbst und schneidet sich. Seine Arme sind voller Narben. Er erzählt, er habe einen Tumor im Kopf. So denkt er, dass er eher sterben wird als sein Vater. Dann könne er ihm Organe spenden. Dann würde sein Vater endlich sehen, dass er ihn liebt.

Das Haus ist voll, es soll noch bis zum 15. April offen sein.[19] Dann fehlen auf einen Schlag 60 Schlafplätze in Stuttgart. Den meisten Bewohnern wird dann nichts anderes übrig bleiben, als „auf Platte" zu sein. Im Obdachlosenjargon heißt das, außerhalb von Notunterkünften und Obdachlosenheimen zu übernachten. In der deutschen Öffentlichkeit wird immer wieder behauptet, dass niemand auf der Straße leben müsse, der das nicht wolle – so viel dazu.

In der Innenstadt gibt es eine große Dichte von Bettlern verschiedenster Couleur. Da sind richtig gute Straßenmusiker. Die bekommen noch am schnellsten Geld. Dann sitzen dort Deutsche und Fremde mit ihren Bechern oder Bettelschalen, manchmal gibt es ein geschriebenes Schild dazu. In der Haupteinkaufsstraße sehe ich einen jungen Mann. Er hat eine Krücke, die bis in die Achsel reicht, wie es sie hier nicht mehr gibt. Ein Fuß ist verkrüppelt, ganz verdreht. Eine Prothese gibt es nicht. Der Fuß ist trotz der Kälte nackt und lässt den Grad der Verunstaltung erkennen. Das weckt Mitleid. Ich denke, er gehört zu den Roma. Knapp einen Kilometer weiter sitzt noch so ein junger Mann. Der Fuß hat die gleiche Deformierung. Ein schrecklicher Gedanke taucht in mir auf. Hat man diese jungen Männer zu dem

---

[19] Die Frist wurde bis zum Ende des Monats verlängert, weil der April außergewöhnlich kalt war.

52

gemacht, was sie sind? Steht eine Bettelmafia dahinter? Man hört ja immer wieder solche Sachen.[20] Ich weiß es nicht und kann nur ahnen, dass sie trotzdem in irgendeiner Weise Unterstützung brauchen.

Ich suche mir einen Platz und versuche, Abstand zu halten zu den Kolleginnen und Kollegen. Das gehört sich so und ist quasi ein ungeschriebenes Gesetz in dieser Branche.

Hier in den Einkaufsstraßen läuft es nicht gut, auch wenn ich Mundharmonika spiele. Die Menschen hasten vorbei und schauen über mich hinweg.

Ich will mal probieren, wie es vor einer Kirchentür geht. Die Stiftskirche ist immer offen und mittags gibt es eine Andacht. Ist das eine Provokation, sich dort neben die Tür zu setzen? Aber wo, wenn nicht dort kann man auf Barmherzigkeit hoffen? Und in der Tat, hier werde ich weniger übersehen. In einer halben Stunde habe ich 9 Euro. Ich gehe in die Mittagsandacht. Ein Mann spricht über den Christushymnus im Philipperbrief.[21] Ich finde keinen Bezug zu meinem Leben. Was der Mann aus den Bibelworten macht, sind steile theologische Sätze über den Opfertod Jesu, aber kein Trost für den Alltag, kein ermutigendes Wort, warum es sich lohnen könnte, jeden Morgen neu aufzustehen und das Leben zu wagen. Die Andacht am nächsten Tag ist nicht ansprechender. Vorn steht ein Pfarrer, der sich als Medienbeauftragter vor-

---

[20] Näheres zu den Sinti und Roma auf der Straße findet sich im zweiten Teil dieses Buches, Seite 154 ff.

[21] Philipper 2,5-11 „Seid so unter euch gesinnt, wie es auch der Gemeinschaft in Christus Jesus entspricht: Er, der in göttlicher Gestalt war, hielt es nicht für einen Raub, Gott gleich zu sein, sondern entäußerte sich selbst und nahm Knechtsgestalt an, ward den Menschen gleich und der Erscheinung nach als Mensch erkannt. Er erniedrigte sich selbst…" (*Die Bibel* nach der Übersetzung Martin Luthers, revidierte Fassung von 1984)

53

stellt und predigt über eine der letzten Predigten des Dekans sowieso. Hier erlebe ich eine Insiderkirche ohne Ausstrahlung. Wenn das ein Medienbeauftragter ist, wo hat er sein Handwerkszeug? Aber, wie oft habe ich, in der alltäglichen Arbeitsflut oberflächlich vorbereitet, selbst so ein Bild abgegeben?

Ich habe von einer alternativen Stadtführung gehört, die die Obdachlosenzeitung Trott-war anbietet. Die Stadtinfo weiß nichts davon. Ich frage mich weiter durch und erfahre in der Redaktion der Obdachlosenzeitung, dass ich am nächsten Vormittag teilnehmen kann. Als Betroffener darf ich ohne Gebühr dabei sein und bin sogar noch auf ein Frühstück in die Redaktion eingeladen. Der Zeitungsverkäufer, der uns führt, war lange selbst „auf Platte". Er erzählt von den Alkoholproblemen. Sein höchster gemessener Blutwert waren 6,9 Promille. Unklar bleibt mir, ob Obdachlosigkeit sich überwiegend aus Alkohol- und Drogenproblemen ergibt oder ob der hohe Alkoholkonsum auf der Straße eher eine Folge der Obdachlosigkeit ist. Sicher stimmt beides, doch was überwiegt, werde ich kaum rausbekommen. Jedenfalls erfahre ich, dass es in Deutschland seit langer Zeit schon keine bundesweite statistische Erfassung der Obdachlosen mehr gibt. Das ist besonders bemerkenswert, wenn man in den statistischen Jahrbüchern der Bundesrepublik wahrnimmt, was alles gezählt wird, bis hin zur Zahl der Bienenvölker. Wenn man die Augen so verschließt, wird das Problem scheinbar unsichtbar – wenn nicht ganz, dann doch in seiner Dimension. Es gibt allenfalls Schätzungen durch die Wohlfahrtsverbände.[22]

Wir werden an verschiedene Plätze Stuttgarts geführt. Problemorte in der Stadt wie der Marienplatz wurden so

---

22 Siehe Teil II, Zahlen und Fakten, Seite 147 f.

saniert, dass es keinen Spaß mehr macht, sich dort länger aufzuhalten. Das ist jedoch keine Lösung, allenfalls eine Vertreibung in andere Teile der Stadt und so nur eine Verlagerung der Probleme. Geschützte Orte, wo sich Obdachlose zum Schlafen hinlegen könnten, werden mit Musik beschallt. Mit Erstaunen erfahre ich, dass die Verkäufer von Obdachlosenzeitungen ihren Verdienst auf Harz IV angerechnet bekommen. Die Redaktionen sind verpflichtet, den Verdienstanteil der einzelnen Verkäuferinnen und Verkäufer dem Jobcenter zu melden. Das weiß wohl kaum einer. Faktisch heißt das, dass jeder, der eine Obdachlosenzeitung kauft, auch für die öffentliche Hand Geld einspart. Wie viel Engagement braucht es, sich trotzdem immer wieder hinzustellen, wenn das Einkommen aus dem Verkauf so gering ist! Mein Respekt vor den Zeitungsverkäufern steigt. Wenigstens die aufgerundeten Beträge dürfen sie behalten und müssen dieses Geld nicht deklarieren. Ich frage mich, ob jene, die solche Gesetze machen, sich der praktischen Konsequenzen wirklich bewusst sind.

In der Stadt gibt es hervorragende Initiativen. Da ist z.B. eine Wärmestube. Eine Ordensschwester versorgt hier Betroffene mit Frühstück und legt großen Wert darauf, dass dort wirklich gegessen wird. Alkoholkranke stellen das Essen schnell hinten an.

Seit 1994 gibt es die „Vesperkirche". Von Mitte Januar an ist die Leonhardskirche 7 Wochen von 9 bis 16 Uhr geöffnet. Täglich werden warme Mahlzeiten und Verpflegungsbeutel für ein kleines Entgelt ausgegeben. Ein beeindruckendes Netzwerk von Ehrenamtlichen macht das möglich. Friseurinnen und Friseure schneiden kostenlos die Haare. Ärztinnen und Ärzte stellen sich zur Verfügung. Tierärztinnen und -ärzte behandeln

Hunde und hinter dem Altar soll schon mal die eine oder andere Platzwunde genäht worden sein.[23]
Unser alternativer Stadtführer macht uns noch auf die besondere Not der Kinder und Jugendlichen, die zu Hause abgehauen oder auch manchmal einfach rausgeflogen sind, aufmerksam. Für sie gibt es in enger Zusammenarbeit mit dem Jugendamt ganz eigene Hilfsangebote.
Ich selbst muss mich im Anschluss an diese Führung wieder meinem Lebensunterhalt widmen. Vor der Stiftskirche sitzen zwei Obdachlose, genauer gesagt, einer neben der Kirche und einer gegenüber. Der auf der anderen Seite sei der 71jährige Alois, der Bettlerkönig von Stuttgart, erzählt mir Josef, der vor der Kirche sitzt. Der scheint seine Stammkundschaft zu haben. ein Vorübergehender steckt ihm gerade einen Schein zu, was unwahrscheinlich selten ist. Josef wiederum hat eine Wohnung, ist aber arbeitslos. Er wird mir an diesem Tag die schon erwähnte Notunterkunft der Heilsarmee zeigen. Er erzählt mir von der rumänischen Bettelmafia und einem Berber, der hier an der Kirche eigentlich seinen Stammplatz habe. Vor dem solle ich mich hüten. Es gebe durchaus Rangkämpfe. Er warnt mich auch davor, draußen zu schlafen, da das nicht ganz ungefährlich sei. Es gebe überhaupt Orte, die seien sehr problematisch, da halte man sich am besten überhaupt nicht auf. So erfahre ich, dass ich gestern unwissend genau durch die Gegend gelaufen bin, wo sich viele Drogensüchtige aufhalten würden. Von der anderen Straßenseite äußert Alois seinen Unmut und möchte, dass ich verschwinde. Offenbar erlebt er mich als Konkurrenz. Doch später bietet er mir die Milch an, die er übrig hat.

---

23 Mehr zu den Vesperkirchen im 2. Teil dieses Buches, Seite 37 f.

Für heute habe ich genug Geld zusammen und werde deshalb nicht weiter spielen. Es regnet.

Die Zeit wird mir lang. Ich bekomme eine Ahnung davon, weshalb die zwei Monate in ihrer Dauer wichtig sind. Das ist etwas anderes als Interviews und kurze Besuche in der Szene. Ich kann nicht mal schnell raus.[24] Gut, dass ich mich innerlich festgelegt habe. Ich muss noch fast drei Wochen in der Gegend bleiben. Immer das tägliche Einerlei: An Geld und Nahrung kommen, ein Quartier finden und eine Möglichkeit zur Körperpflege. Heute empfinde ich die Obdachlosenszene verwirrend.

In der Stiftskirche hält eine Frau das Mittagsgebet. Sie liest aus dem 50. Kapitel des Jesajabuches. Ihre Worte sind warmherzig und ansprechend. Sie kommen aus dem Herzen und erreichen mein Herz. Das sind keine leeren Formeln. Und genauso betet sie. Nachher aber vor der Tür geht sie an mir vorbei, ohne mich zu sehen – schade.

Dann kommt ein Mann auf mich zu und fordert mich streng auf, von der Tür weg zu gehen. Ich frage ihn: „Wer sind sie?" Statt seines Namens nennt er mir die Funktion. Er sei hier Kirchenwächter und nehme das Hausrecht wahr! Ich gehe ein Stück zur Seite und koche innerlich. Das kam so von oben herab und war demütigend. Im Moment bin ich ganz identisch mit meiner Rolle. Tränen kommen mir in die Augen. Ich gehe in die Kirche an den Infostand und frage, wer dieser Kirchenwächter sei und bekomme seinen Namen genannt. Es dauert nicht lange und er kommt wieder heraus. Er entschuldigt sich bei mir, dass sein Ton nicht angemes-

---

[24] Natürlich hätte ich jederzeit das Projekt abbrechen können, was mir Kritiker des Projektes immer wieder zum Vorwurf gemacht haben.

57

sen gewesen sei und sagt mir, dass man mir versehentlich einen falschen Namen genannt habe. Er sei Herr M. Es sei halt so, dass sich Kirchenbesucher beschweren würden, wenn an der Tür Bettler säßen. Ich frage mich dann nur, warum das Gefühl der sich Beschwerenden maßgeblich ist. Darf man ihnen nicht einen Bettler zumuten? Schützt hier die Kirche die Befindlichkeiten der etablierten Welt?

Josef ist wieder da. Er erzählt mir, dass Alois einmal einen Umschlag in seine Schale gelegt bekommen habe, in dem 7.000 Euro gewesen seien, aber er hätte eine Schwäche und sei spielsüchtig, habe alles verzockt. – Bettlergarn?

In Stuttgart kann ich nicht bleiben. Da habe ich alle mir möglichen Quartiere durch. Vielleicht ist es gut, nach Ulm zurückzugehen? Da könnte ich als Selbstzahler beim Roten Kreuz bleiben und hätte Gelegenheit, näher an ein paar Menschen und ihre Geschichte ranzukommen. In Göppingen soll es ja das Männerwohnheim der Heilsarmee geben. Das wäre ein guter Zwischenstopp. Und so kaufe ich mir von dem mit der Mundharmonika erarbeiteten Geld eine Fahrkarte.

Das Gemeindehaus der evangelischen Kirche ist offen. Zufällig ist dort Kirchenkaffee. Die Atmosphäre ist freundlich und einladend. Viele ältere Leute sind da, die einander kennen. Aber es ist ebenso Platz für einen Dahergelaufenen wie mich. Ich sitze an einem Tisch mit einem Mann, der offenbar nicht in die etablierte Welt gehört. Drage ist Serbe. Er führt mich anschließend durch Göppingen, um mir zu zeigen, wo man welche Hilfen bekommen kann. Es ist ein langer Weg, auf dem er mich begleitet. Er zeigt mir ein Diakonie-Wohnprojekt, die Linde. Der Container, der dort für die Notübernachtungen stand, ist jedoch gerade heute abgeholt worden. Uns begegnet ein Mitarbeiter, der im

58

Begriff ist zu gehen. Drage spricht ihn an, dass ich Unterstützung bräuchte. Er reagiert ziemlich barsch. Einen Tagessatz könnte ich erst morgen Vormittag abholen. Offenbar werden die Auszahlzeiten so gelegt, dass man nicht an einem Tag an zwei verschiedenen Stellen absahnen kann. Aber ich bin ja auch gar nicht auf Sozialhilfesätze aus.

Wir gehen weiter, schauen in einem Park Schachspielern zu. Darunter ist ein Bekannter meines Begleiters. Drage stellt mich vor. Falls ich kein Quartier fände, wäre er bereit, mich diese Nacht aufzunehmen. Ob ich trinke, möchte er wissen. Dann ginge es nämlich nicht. Er habe gerade eine Therapie hinter sich und möchte trocken bleiben. Ich bin beeindruckt von der Hilfsbereitschaft und wie dieser Mann zugleich für sich sorgt.

Drage zeigt mir auch einen Anlaufpunkt für Menschen mit seelischen Problemen. Hier werden verschiedene Aktivitäten angeboten und es gäbe auch die Möglichkeit ins Internet zu gehen.

Das Männerwohnheim der Heilsarmee hat in der Not-Übernachtung Betten frei. Eine nette Frau empfängt mich und gibt mir frische Bettwäsche. Das Zimmer ist leider schmuddelig. Sie fragt mich: „Haben Sie einen Sozialhilfeantrag gestellt?". Ich verneine und sage, dass ich zurzeit Gründe hätte, das nicht zu tun. Da wird sie massiver. Und macht Druck. Es sei unfair den anderen gegenüber. Dieser Satz fällt mehrfach. Sie drängt mich, unbedingt einen Antrag zu stellen und meine Papiere in Ordnung zu bringen. Angenehm ist, dass sie keine Papiere sehen will. Doch meine elementarsten Bedürfnisse sind nicht im Blick. Ich bekomme weder gesagt, wo ich welche Sanitärräume nutzen kann, noch sind Essen und Trinken ein Thema.

Da bis zur Nachtruhe noch Zeit ist, gehe ich in die Stadt, setze mich in die Fußgängerzone und spiele

Mundharmonika. Eine Frau, die mit zwei Kindern unterwegs ist, setzt sich neben mich. Sie fragt mich, ob sie mir das geben darf und reicht mir fünf Euro. Wir kommen ins Gespräch. Sie ist sehr zugewandt und freundlich und fragt mich nach meinem Weg. Ich gebe ein paar Bruchstücke meines Lebens preis, wie die Scheidung und dass ich davon ausgehe, nicht dauerhaft auf der Straße zu sein, und die Absicht zu einer Freundin nach Frankreich zu gehen. Auf dem Hintergrund der Erfahrung, meist übersehen zu werden, kann ich ihr sagen, wie wohltuend das ist, so angesprochen zu werden. Ich sage auch ganz klar, dass ich nicht im Elend bin und erzähle in dem Gespräch etwas von dem Elend, das ich auf der Straße wahrnehme. Noch einmal greift sie in ihr Portemonnaie und drückt mir einen Fünfzig-Euro-Schein in die Hand. Ich sage meinen spontanen Gedanken: „Nein, das ist zu viel!". Tränen schießen mir in die Augen und Chaos in den Kopf. Was soll ich tun? Ich spüre, dass ich hier in meiner Rolle bleiben muss, um zu fühlen, was ich fühle. Ich kann jetzt nicht die Seite wechseln und außerdem habe ich Hunger. So bedanke ich mich und weiß, ich muss mit dieser Frau später noch einmal Kontakt aufnehmen. Ich habe erfahren, dass sie „Chris" heißt, Lehrerin und Mitglied der methodistischen Gemeinde ist. „Gott hat Sie lieb", sagt sie mir. Sie ist darin ganz authentisch, auch wenn ich jemandem das so eher nicht sagen würde. Und sie hat mich Mitgefühl und Zuneigung spüren lassen. Diese Begegnung gehört zu den starken Augenblicken tief gelebter Menschlichkeit auf meinem Weg.

Ihr verdanke ich an diesem Abend ein warmes Abendessen an einem Imbissstand und eine Tasse Kaffee. Das Geld ist mir ein anvertrauter Schatz, den ich nicht einfach verschleudern kann. Ich fühle mich verantwort-

60

lich dafür und will das, was davon bleibt, mit anderen Bedürftigen teilen.

Am Ende dieses Tages ist mir unheimlich, so tief in diesen Weg einzutauchen. Doch mir ist klar, ich kann nicht permanent zwischen den Rollen hin und her switchen. Ich „spiele" ja auch keine Rolle. Es geht darum, meinen Weg zu gehen. Es ist ein tiefer Besuch in der Welt der Obdachlosen. Es geht um Erfahrungen und um Wahrnehmung all dessen, was mir dort begegnet und was es in mir auslöst. Ich will später dieser Frau Rechenschaft darüber geben, wie ich das Geld verwendet habe. Hätte ich mich an diesem Abend geoutet, hätte ich irgendwie meinen „Auftrag" verraten.

Noch einmal treffe ich den Serben. Wir sitzen im Kaufland in einem Imbissbereich. Er hat gerade gesammelte Flaschen abgegeben, eine kleine Einnahmequelle für viele Obdachlose. So hat dieses verrückte Pfandsystem in Deutschland wenigstens ein paar Nutznießer, die es nötig haben. Er ist mir sympathisch. Ich höre ihm zu.

Meine stille Zeit nehme ich am nächsten Morgen in dem Notübernachtungszimmer im Männerwohnheim – auch hier ist „heiliges Land". Die anderen Doppelstockbetten waren diese Nacht frei. Ich bin froh, keinem das Bett weggenommen zu haben. Das wäre eine Grenze, an der ich das Gefühl hätte, zurücktreten und den Platz frei machen zu müssen. Ich möchte mich nützlich machen und biete an, das Zimmer zu reinigen. Das sei nicht nötig, wird mir gesagt. Meine Entscheidung, weiter zu reisen wird akzeptiert, ohne mich noch einmal mit den Sozialamtsdingen zu bedrängen.

Ich frühstücke im Marktkauf. Drage ist wieder da und wird aufgefordert, das Restaurant zu verlassen. Er bleibt, ich kaufe ihm einen Kaffee. So können sie ihn nicht wegschicken. Dank meines „Vermögens" kann ich mir für den Tag noch Brot, ein Stück Käse und etwas

61

Wurst kaufen. Bis zur Weiterfahrt nach Ulm dauert es noch. Mein Aufenthalt in der Bücherstube des Bahnhofs hat etwas von Zeittotschlagen. Wie komme ich, der sonst immer etwas tun muss, mit so viel Zeit durch die nächsten Wochen?

Ulm – eine Weile vor Ort

Das Ankommen in Ulm ist ein bisschen wie eine Heimkehr. Die Stadt ist mir schon vertraut. Mein erster Weg führt zum Wohnheim des Roten Kreuzes. Auf dem Weg gebe ich das, was von meinem Vermögen noch da ist, an verschiedene Kollegen. Ich will wieder bei null anfangen mit dem Vertrauen, dass an jedem Tag für das gesorgt ist, was ich brauche. In der Frauenstraße 125 ist der Empfang gewohnt freundlich. Man hat ein Bett für mich. Check in. Zurück auf die Straße. Es ist Gründonnerstag, ein eisiger Wind bläst durch die Fußgängerzone. Ich versuche es mit der Mundharmonika vor der Münstertür, dicht an die Wand gedrückt, um so viel Schutz vor dem Wind zu haben wie möglich. Ein Mann kommt und sagt mir, ich solle verschwinden. Nach einer Weile kommt er ein zweites Mal. Es ist wohl der Küster. „Wenn ich wieder komme und Sie sind immer noch hier, rufe ich die Polizei. Das kostet Sie dann 90 Euro!" „Warum darf ich hier nicht sein? Ich spiele Kirchenlieder." – „Die evangelische Kirche verbietet das." – „Welche Möglichkeiten der Unterstützung gibt es denn hier für Wohnungslose?" – „Das weiß ich nicht, dafür bin ich nicht zuständig." – „Wird hier nicht auch gepredigt: Brich dem Hungrigen dein Brot...?" – „Ich bin kein Pfarrer. Verschwinden Sie!" Er verschwindet im Münster. Ich bin platt, entschließe mich hinterherzugehen. Der Mann ist im Kassenhäuschen des Turmauf-

62

ganges und erzählt scheinbar entrüstet dem dort Dienst-
tuenden von unserem Zusammenstoß. Auf die beiden
zugehend sage ich: „Ich spiele lauter Kirchenlieder vor
der Tür." Der Kassenmann lacht mich an und sagt:
„Spielen Sie ruhig weiter Ihre Kirchenlieder!" Ich weiß
nicht, wie das gemeint ist. Setzt er sich über den Küster
hinweg oder ist das eine ironisch verpackte Drohung?
Mir wird unheimlich, ich gebe auf und verschwinde.
Ärger mit der Polizei will ich nicht.[25]
Zurückgekehrt in die Fußgängerzone sitze ich auf
meinem am Boden liegenden Rucksack und spiele. Ein
junges Paar bleibt stehen, hört zu. Ich bekomme eine
Spende in meine Mütze und werde von ihnen angesprochen. Mein Erleben auf der Straße interessiert sie. Es ist
ein bisschen wie in Göppingen. Sie sind Medizinstudenten. Bevor sie gehen, geben sie mir fünfzehn Euro. Ich
wehre ab: „Das ist zu viel". „Das ist in Ordnung so",
erwidern sie. Ich gehe in Richtung Münster zurück. Ein
Gründonnerstagabendgottesdienst ist angekündigt. Ich
will versuchen, im küstersicheren Abstand meine Lieder
zu spielen. Mal sehen, was es bringt. Kurz vor dem
Münster ist das Paar wieder ran. „Wir haben gespürt,
wie kalt der Wind weht und uns überlegt, wir wollen Sie
zum Abendessen zu uns einladen und Ihnen ein Nachtquartier anbieten! Aber wir wohnen ein Stück weg vom
Zentrum." Ich bin sprachlos. Das ist mir auf dem
ganzen Weg so noch nicht geschehen. Doch ich bin ja
beim Roten Kreuz schon angemeldet. Ich sage es ihnen.
Auf das Angebot würde ich eingehen, wenn sich zeigt,
dass beim Roten Kreuz die Betten knapp sind. Sie
geben mir ihre Telefonnummer. Das Angebot bleibe

---

25 Später schrieb ich an das Pfarramt eine Mail und schilderte mein
Erleben, ohne zu sagen, wer ich auch noch bin. Als Antwort erhielt
ich eine freundliche Entschuldigung eines der dortigen Pfarrer.

bestehen, nur seien sie über Ostern nicht in Ulm. Als sie gehen, ahne ich nicht, dass ich eineinhalb Jahre später ihre Hochzeit mit ihnen feiern werde. Ich bin einfach nur tief berührt von dieser warmherzigen Menschlichkeit.

Der Gottesdienst im Münster lockt mich. Dort weht wenigstens kein Wind. Eine Pfarrerin predigt zu der Wendung „Geheimnis des Glaubens". Ich verstehe überhaupt nicht, was sie sagen will. Es erreicht mich nicht. Sie wirkt jung. Vielleicht ist es eine Vikarin, die noch nicht viel Berufserfahrung hat. Ich erlebe sie nicht im Kontakt mit der Gemeinde. Es ist fast folgerichtig, dass sie die Gemeinde am Ausgang nicht verabschiedet. Wie viele solcher kontaktlosen Gottesdienste habe ich wohl gehalten in dem Stress der alltäglichen Arbeitsanforderungen?

Bis 22 Uhr muss ich im Wohnheim sein. Sonst ist die Tür zu, trotz Nachtdienst. Im Tagesraum läuft ein ödes Fernsehprogramm. Fast alle hängen hier ab. Das Haus hat noch freie Betten. Ich bleibe, gehe auf das freundliche Angebot der jungen Leute nicht ein. Wenn ich mehr wahrnehmen möchte von diesem Feld, dann ist mein Platz hier. Ein paar Leute halten sich hier auf, die nicht im Haus wohnen, aber die Räume als Treff mit nutzen. Ich bin wieder im selben Zimmer, sogar im selben Bett. Die anderen fünf Betten sind belegt. Nachts ist die Luft ziemlich dick.

Karfreitagsgottesdienst in der Pauluskirche nur zweihundert Meter vom Übernachtungsheim entfernt. Die Predigt spricht mich an, wühlt mich auf. Meine eigene Geschichte ist präsent. Der Pfarrer predigt frei, aber nicht konzeptlos und ohne dogmatische Formeln – keine Sprache Kanaans. Draußen, nur einige Meter vom Eingang, hängen in einer Nische der Mauer zum alten

64

Friedhof auf einer Bank einige alkoholisierte Männer ab. Das ist offensichtlich ein Treffpunkt.

Am Nachmittag gibt es in der Stadt ein besonderes Spektakel. In Neu-Ulm und Ulm leben viele Italiener. Es gibt eine Passionsspieltradition dieser italienischen Gemeinde. In einer Prozession zieht man von Neu-Ulm nach Ulm. Auf verschiedenen Bühnen werden Teile des Leidensweges Jesu gespielt. Die Kreuzigung ist neben dem Münster. Eigentlich ist es als Gottesdienst konzipiert. Es gibt eine Menge Ave Maria und Vaterunser auf dem Weg zu sprechen. Doch ein großer Teil derer, die kommen, suchen nicht den Gottesdienst. Es wird laut geschwatzt, die Leute haben Kaffee in der Hand und schlecken Eis, mitten im Prozessionszug wird telefoniert. Mich entsetzt das. Doch dann geht mir auf, dass das vielleicht ungewollt ganz nah an der ursprünglichen Realität ist. Das sind die Schaulustigen bei diesem Schauprozess. Viele Neugierige sehen mehr oder weniger beteiligt zu, wie die Römer diesen seltsamen Wanderprediger und zwei weitere Verurteilte hinrichten – ein Spektakel, willkommene Unterbrechung des tristen Alltags. Und ich bin Teil des Ganzen, eben noch entsetzt über die eisschleckende Zuschauerposition der anderen, erwische ich mich dabei, dass ich kurz vor Schluss gedankenverloren in einen Apfel beiße, den ich in der Tasche hatte.

Karfreitag ist für mich Feiertag. Ich „arbeite" nicht, gehe nicht betteln, lebe von dem, was gestern eingekommen ist, wie das Volk Israel vor 3000 Jahren in der Wüste vom Manna.

Am alten Friedhof an der Pauluskirche setze ich mich zu den Alkoholikern. Einer von ihnen ist wegen einer Auseinandersetzung im Übernachtungsheim für ein paar Tage ausgesperrt.

Im Fernsehen läuft abends ein moderner Noahfilm. Mich berührt eine Stelle sehr. Die Ehefrau ist über den verrückten „Auftrag" ihres Mannes, ein Schiff mitten auf dem Land zu bauen, verzweifelt und bekommt als Antwort: „Wenn du Gott um mehr Mut bittest, wird er dir Gelegenheiten geben, in denen dein Mut wachsen kann. Wenn du Gott um eine intensivere Beziehung bittest, wird er dir nicht mehr Gefühle geben, sondern Gelegenheiten, in denen ihr zusammen leben könnt."!

An der Pforte unterhalte ich mich mit einem alten Metzgermeister aus Hildesheim, der in Windeln unterwegs ist. Er fragt mich, ob es riecht. Der Gestank ist furchtbar, ich wage aber nicht, klar zu antworten und sage, dass es ein bisschen streng sei.

Karsamstag. Um das Münster herum ist Markt. Das „Geschäft" läuft ganz gut. Ich habe Hunger, aber es fällt mir nicht leicht aufzuhören bei so vielen „potentiellen Gebern". Es ist schwer, locker damit umzugehen und im Vertrauen zu bleiben, dass jeder Tag für das Seine sorgen wird. Ich unterbreche mich und gehe in einer Imbissstube asiatisch essen. Dabei merke ich, dass es mir auch schwer fällt, das, was ich bekommen habe, wirklich zu nehmen und davon diese Tage zu leben.

Es gibt Kollegen, die arbeiten sozusagen im Jobsharing. Die haben einen gemeinsamen Platz für ihre „Sitzung" und lösen sich ab. Da kann man sich die Beine vertreten, mal essen oder auf Toilette gehen und der Tag wird nicht so lang. Am Ende wird der Erlös geteilt.

Ich gehe in ein Internetcafé, um mich zu Hause zu melden. Von G. ist jedoch keine Nachricht da. Die letzten Zeilen habe ich vor knapp einer Woche erhalten. Es kränkt mich, ich fühle mich im Stich gelassen und will es doch zur Seite legen. Aber die Gedanken mahlen in mir und zermürben mich.

66

Im Münster ist ein Konzert. Ich versuche reinzukommen. Es hat schon begonnen und ein Mann an der Tür weist mich ab mit der Begründung, dass das stören würde. Ich kann mir das von der Baulichkeit her nicht vorstellen. Da muss es doch möglich sein, mich leise einzulassen. Ich gebe auf.

Den Katastrophenfilm im Tagesraum, in dem irgendwelche bösen Außerirdischen brutal Menschen zerstören, ertrage ich nicht und verlasse den Raum

Im Münster ist eine Osternacht angekündigt. Das wollte ich schon immer mal erleben. Sie soll mit einem Gottesdienst beginnen und dann mit von den Konfirmanden gestalteten Stundengebeten fortgesetzt werden. Im Übernachtungsheim erhalte ich die Erlaubnis, daran teilzunehmen und die Nacht draußen zu bleiben.

Es ist sehr kalt. Ich ziehe fast alle Sachen an, die mein Rucksack hergibt. Die Nacht wird zu einer Aneinanderreihung verschiedener Veranstaltungen, die sich nicht aufeinander beziehen. Es beginnt mit einem feierlichen Gottesdienst mit Chormusik, der mit einem Osterchoral endet. Es ist doch noch gar nicht Ostermorgen! Nach einer Umräumpause geht es dann mit kleinen Aktionen und Meditationen der Konfirmanden weiter. Einiges ist sehr ansprechend. Zum Beispiel geht es in einer Station darum, Steine in die Hand zu nehmen, die die Lasten des eigenen Lebens symbolisieren und sie dann abzulegen. Das geht unter die Haut. In einer anderen Station wird aus Knicklichtern ein riesiges Mandala gelegt und die Pfarrerin stellt die Behauptung in den Raum, dass es nötig sei, in die eigene Mitte zu finden und dann wieder nach außen zu kommen. Es bleibt theoretisch. Ähnliches passiert nachher noch mal, als aus Knicklichtern ein großes Kreuz gelegt wird und beziehungslos die Behauptung im Raum steht, dass das Kreuz unsere Rettung sei. Wenn hier von Gottes Liebe gesprochen wird, bleibt das formelhaft, ebenso die Rede vom Kreuz, hinter dem die Strahlen der Sonne sichtbar sind und dieses Licht mächtiger sei als der Tod. Warum werden die Konfirmanden damit zugetextet, anstatt sie selbst zur Sprache kommen zu lassen, was das in ihrer Lebenssituation bedeutet? Betroffenheit wird nicht spürbar, es bleibt eher an der Grenze zum Happening. Die ganze Nacht gibt es in der Kirche zur Stärkung heiße Getränke und belegte Brote. Dabei sind Ehrenamtliche freundlich engagiert. Im Münster ist es kalt. Es ist nicht leicht, die Zeit zwischen den Stationen zu jeder vollen Stunde auszuhalten. Einen Raum gibt es, der etwas geheizt ist. Eigentlich gehört auch er zu den angekündigten stillen Bereichen. Hier wärmen sich auch die Konfirmanden auf und schwatzen. Wer Stille sucht, findet sie dort nicht und muss zurück in die Kälte. Jede Gebetszeit endet mit den Worten: „Wir gehen jetzt wieder in die Stille", doch die Pfarrerin hält die Stille selber nicht durch. Wie sollen es dann die Konfirmanden schaffen? Draußen vor dem Münster ist eine Gruppe von Männern, die in einer Feuerschale ein Osterfeuer unterhalten. Rotwein wird getrunken und Würstchen werden gegrillt. Eine „Totenwache" im Gedenken an Jesus in seinem Grab ist das nicht. Meine Assoziation sind eher die Kriegsknechte, die Jesu Kleider teilen. Ich trete hinzu, werde aber nicht wahrgenommen. Niemand spricht mich an oder lädt mich gar ein. Irgendwann in einer der stillen Phasen des frühen Morgens eilt die Pfarrerin mit Gläsern und einer Sektflasche nach draußen. Was mag es da zu begießen geben? Der Weg durch die Nacht im Münster endet mit „Christ ist erstanden". Wir bewegen uns mit Fackeln zum alten Friedhof an der Pauluskirche. Hier gibt es zum Sonnenaufgang eine Andacht mit sorgfältig formulierten, aber langatmigen meditativen Texten. In der Kirche folgt ein Morgengottesdienst. Insgesamt ist diese Nacht ein Zickzackkurs, der versucht, jedem, der in nur eine der Veranstaltungen kommt, eine eigene Osternacht zu bieten. So finde ich mich in einem Film, der laufend vor und zurück spult. Schade, warum können die beteiligten Mitarbeiter nicht ein Ganzes draus machen? Und jeder hätte die Freiheit, einen Teil dieses Weges mit zu gehen oder eben die ganze Nacht bis zum Osterfrühstück zu bleiben.

Und trotzdem ist das Münster in den letzten Tagen „mein Raum" geworden – auch in dem Ringen mit meinen eigenen inneren Prozessen.

Toll, dass diese Gemeinde ein Osterfrühstück anbietet! Ich freue mich darauf, habe in den Vorjahren so manches Osterfrühstück genossen. Es gibt Brezeln und Butter, Marmeladen und Kaffee. Ich finde mit einigen anderen einen Platz an dem Tisch, an dem auch der Pfarrer und die Pfarrerin sitzen. Es plaudert privat vor sich hin – bevorstehender Urlaub und so. Das fremde Gesicht am Tisch wird offenbar nicht zur Kenntnis genommen. Ich werde nicht gefragt nach dem Woher und Wohin und fühle mich verloren. Ich glaube nicht, dass ich in den letzten Tagen und auf dem Weg durch die Nacht nicht bemerkt wurde. Ich habe meinen Rucksack dabei, bin einfach, aber ordentlich gekleidet. Ich gehe davon aus, dass von mir nichts Abstoßendes ausgeht, was es eine Zumutung sein ließe, mit mir in Kontakt zu sein.

Warmherzigkeit kommt dann von den Ehrenamtlichen, von Ute, die das Drumherum um das Frühstück irgendwie in der Hand hat. Ich habe Zeit und helfe beim Aufräumen. Ute gibt mir alle übrig gebliebenen Brezeln für das DRK-Wohnheim mit.

Dort darf ich ausnahmsweise vormittags in den Schlafraum und finde zur Ruhe. Es gibt reichlich Mittag – Schweinebraten, leider versalzen. Kuchen ist da und es gibt Ostereier. Von den Ehrenamtlichen des DRK geht viel Freundlichkeit und Wärme aus. Da nehmen sich Menschen Ostern die Zeit für uns, obwohl sicher auch Enkelkinder oder Freunde locken würden. Ich höre, dass es ein sehr großes Team von Freiwilligen gibt, die regelmäßig zum Kochen zur Verfügung stehen – alle Achtung!

Die Stadt, sie ist wie ausgestorben. Selbst am Bahnhof sind kaum Leute zu sehen. Am liebsten würde ich ins Kino gehen. Es gibt einen Film mit Bruno Ganz. Doch ich kehre ins Heim zurück, um die Atmosphäre wahrzunehmen und eben auch zu ertragen.

Mir wird eröffnet, dass ich am Dienstag als Tuberkulose-Prophylaxe zum Röntgen muss. Die Kosten trägt das Gesundheitsamt und ich werde einen Röntgenpass bekommen. Tbc ist in dem Milieu wieder ein echtes Problem geworden. Die Bakterienstämme sind viel schwieriger zu behandeln, weil sie oft multiresistent sind.

Ich suche innerlich, wie es weiter geht. Soll ich weiter rumreisen? Oder nach Stuttgart zurück in die Hauptstädter Straße? Doch mir wird klar, dass ich nur dann in tieferen Kontakt mit den Betroffenen komme, wenn ich bleibe. Das andere wäre eher ein Testen von Quartieren und anderen Überlebensmöglichkeiten. Das scheint mir nicht angesagt. Mal sehen, was sich ergibt.

Am Bahnhof fällt mir ein Flaschensammler auf, der seine „Beute" einsackt. Die Bedürftigkeit sieht man ihm auf den ersten Blick nicht an. Aber sie muss da sein, sonst greift keiner so schnell in Abfalleimer.

Im Übernachtungsheim komme ich mit Fred ins Gespräch, der wohl ein halbes Leben schon „Platte gemacht" hat und mit Berthold, genannt Berti, der seit acht Jahren obdachlos ist.

Fred war viel im Süden unterwegs, rund um den Starnberger See. Dort ist er so manchem Promi begegnet, der da sein Haus hat und er erzählt, für wen er alles gegen ein Handgeld den Rasen gemäht habe. Ist das eine Winwin-Situation oder Ausnutzung von Not? Er ist stolz auf seine Erlebnisse und hat auf Jahre noch etwas zu erzählen. Er ist Menschen begegnet, von denen andere nur träumen, dass sie mal mit ihnen in Kontakt kommen. Sein Alkoholproblem fand ein jähes Ende als eine Krampfader in der Speiseröhre platzte. Koma. Überleben auf einer Intensivstation. Reha. Da wog er noch 36 Kilogramm, ist dem Tod sozusagen von der Schippe gesprungen und trocken geblieben. Er fand Arbeit in der Obdachlosenhilfe der Caritas, wo er blieb, bis er 67 wurde und ist heute „auf Rente". Immer noch oder wieder ist er ohne festen Wohnsitz.

Berti erzählt von einem Bürgermeister, der ihn mal mit nach Hause nahm und beherbergte. Das sind Highlights. Fred erinnert sich an jemanden, der ihm eine Bahn-Card schenkte, damit seine Reisen günstiger würden. Das scheint ein besonderes Thema zu sein, wer wann und wo eine überraschende und besondere Zuwendung bekommen hat. Es ist ein bisschen wie ein Prahlen mit besonderen Projekten und Arbeitserfolgen. Doch darin leuchtet etwas auf. Jemand ist gesehen worden, für wert geachtet und beschenkt. Solche Geschenke sind nachhaltig. Sie leuchten noch lange in der Erinnerung eines Obdachlosen. Was hindert mich eigentlich, einen Fremden einzuladen, wenn nicht gerade nach Hause, dann doch zu einem Essen ins Restaurant? Solche Erlebnisse – gesammelt in einem besonderen Buch – könnten fast ein Projektkatalog abgeben, Glück in den Alltag zu tragen.

Die Sammlung der Typen hier ist bunt. Da ist ein grauhaariger Namensvetter von mir, den ich kaum verstehen kann. Hans, der sich immer ganz abgeklärt gibt, unterhält sich mit Walter über einen scheinbar allen im Raum bekannten Pornofilm.

Da ist Kati, die sich mit ihrem kaputten Gebiss und ihrer ganzen äußeren Erscheinung weit ab von den Klischees von Attraktivität befindet, mit ihrer verwickelten Liebesgeschichte zu Jakob, der immer noch in Stuttgart ist. Sie redet ungeniert über Sex. Irgendjemand behauptet, dass sie „notgeil" einem anderen Mann in den Schritt gegriffen hätte. Es gibt Intrigen, in denen einander Geschichten zugetragen oder gesimst werden... Jakob ist außer sich und will mit Kati nichts mehr zu tun haben. Sie liebt ihn und will ihn besuchen. Sehnsucht ist im Raum. Warum soll es hier anders sein, als in der übrigen Welt? Wer keinen festen Wohnsitz mehr hat, verliert damit ja nicht die grundlegenden menschlichen Bedürfnisse. Nur wird es schwieriger, diese auf der Straße zu leben. Aus dem Schlafsaal, in dem ich kampiere, greift einer einen anderen verbal an, da er sich nachts so geräuschvoll selbst befriedigt hätte, dass die anderen im Schlaf gestört worden seien. In den Notunterkünften fehlt Raum für Intimität.

Berti und Fred weihen mich in die „Gesetze der Straße" ein. Dazu gehört es abzugeben, wenn man etwas hat und darauf zu vertrauen, dass die anderen einem etwas geben, wenn es gerade mal schlecht gelaufen ist. Es gibt ganz eigene Ausdrücke. Nach einem besonders ertragreichen Tag kann jemand sagen, er sei „gestopft". Einer, der eine besonders große Gabe bekommen oder ein außergewöhnliches Geschenk erhalten hat, habe „eine Ringeltaube gefangen". Sie beklagen, dass das System auf der Straße kaputt gemacht würde durch andere Gruppierungen wie etwa die Punks. Ich werde noch öfter etwas wahrnehmen von den Rangunterschieden und den verschiedenen nicht kompatiblen Gruppen,

72

Systemen und Milieus, die sich durchaus auch überschneiden.

Christa und Benedikt, die beiden Medizinstudenten, haben mir eine SMS geschickt: *Hallo Matthias, Danke für die Begegnung. Also unsere Einladung steht. Wir sind ab Montag wieder in Ulm. Würden uns freuen, wenn du uns besuchen würdest. LG B & Ch*

Ich weiß noch nicht, wie es weitergeht. Durch mein Hierbleiben komme ich mehr ins Gespräch. Andererseits lockt es mich, mit Berti zu ziehen, der weiter will. Er könnte mich noch mehr in die Geheimnisse, Gesetze und Kniffe des Lebens auf der Straße einführen. Vielleicht gehe ich noch mal in das Haus von Netzwerk in Stuttgart, ab morgen habe ich ja einen Röntgenpass. Vielleicht ist noch das Quartier „Parkbank" angesagt. Aber muss ich das riskieren?

Ebenso möchte ich gern das Angebot des Studentenpaares annehmen und frage an, ob ich am Donnerstagabend vorbeikommen darf. Das ist mein Geburtstag, was ich aber nicht mitteile. Die Antwort kommt prompt: *Hallo Matthias, wir wünschen Dir frohe Ostern gehabt zu haben. Donnerstagabend klingt gut – so um 19.30? Du bist herzlich eingeladen Übernachtung inkl. :-) LG B&Ch*

Das Fernsehprogramm im Tagesraum nervt. Mich hätte ein anderer Film interessiert. Ich bin sauer. Doch darum geht es nicht wirklich. Ich will ja das Feld erleben, ob mir passt, was darin geschieht oder nicht. Ich bleibe, schaue mit zu in dem verqualmten Tagesraum. Ich erwische mich in der Überheblichkeit gegenüber dem Mann, den ich kaum verstehe, der alles, was geht, in sich rein frisst. Und dann ist die Frage da, was der wohl im Leben schon alles schlucken musste? So will ich weiter in Kontakt gehen, ohne mich anzubiedern.

Berti erzählt von den Bettelscheinen, die in Würzburg und anderen Städten durch die Ordnungsämter als

Bettelgenehmigung ausgegeben worden seien. Man hätte sie aber im vorigen Jahr abgeschafft. Es war wohl der Versuch, das Betteln zu kanalisieren, bestimmte Bereiche dafür frei zu geben und andere „sauber" zu halten. In manchen Städten ist nur aggressives Betteln ausdrücklich verboten. Dazu gehören wohl alle Formen, Leute gezielt anzusprechen.

Krise

Ich gehe nur alle paar Tage in meinen Unterwegs-Mail-Account. Wieder nichts! In mir ist eine große Enttäuschung. Ich fühle mich allein gelassen, nicht unterstützt. Nun habe ich auch keine Lust, G. ein Lebenszeichen zu senden. In mir ist eine Seite, die sie irgendwie auch treffen will. Nach einer Weile geht mir auf, dass das auch eine notwendige Erfahrung sein könnte. Vielleicht geht es darum, etwas davon zu spüren, wie es denen geht, die irgendwie aus ihren tragenden Beziehungen herausgefallen sind. Und letztlich kann ich auch ohne ihre Hilfe diesen Weg gehen. Trotzdem fühle ich mich elend. Die Gedanken kreisen in sich wiederholenden Schleifen und ich kann sie mit niemandem besprechen. Vielleicht geht es ja auch darum zu erfahren und auszuhalten, dass ich angewiesen bin. Ich weiß es nicht. Vielleicht erschließt es sich mir, wenn ich durch diese Gefühle, durch die Einsamkeit und den damit verbundenen Schmerz hindurch gehe.
Das mit dem Röntgen am Vormittag lief unkompliziert ohne lästige Fragen. Was mache ich heute? Ich habe noch zehn Euro, müsste also nicht für Geld spielen. Es reicht für diesen Tag.
Das „gesegnete Ostern" aus der SMS klingt in mir nach. Was ist meine Auferstehungserfahrung? Sind es Begeg-

74

nungen mit Menschen wie Ute? Das Durchgehen durch die Osternacht mit allen inneren Noterfahrungen und auch der Begrenztheit dieser Veranstaltungen, wie sie eben war? Gibt es Ostererfahrungen mit diesen Männern? Was ist mit meinen Gefühlen, in meiner Beziehung nicht genug unterstützt zu sein? Ist G. „aufgeträumt"[26]? Will etwas in mir genau in diese Zustände, weil ich diese Erfahrungen in einem tiefen Sinne brauche? Auf jeden Fall tut sich da ein weiteres Feld auf oder hat sich längst aufgetan. Einige Tage später scheint sich das zu bestätigen. G. hatte mir eine Mail geschrieben und sie versehentlich an meine normale Mailadresse geschickt. Von dort kam sie natürlich nicht zurück, denn die Adresse ist ja nicht abgeschaltet. Ich gehe da nur nicht ran. Wie kann ihr so etwas passieren? Nun glaube ich, dass es tatsächlich darum geht, dass ich ansatzweise etwas erlebe von den Gefühlen der Einsamkeit, von Kontaktabbrüchen und der Sehnsucht nach Beziehung.

Gestern Abend waren zum Essen zwei Frauen im Übernachtungsheim. Ich hatte sie zuerst für Mitarbeiterinnen gehalten. Sie waren schon mehrfach da. Sie kamen einfach nur zum Essen. Welche Not bringt sie hierher?

Ein neuer Tag. Gestern Nachmittag war es zum ersten Mal frühlingshaft und richtig warm. Wir hoffen, dass sich das fortsetzt. Aus der Perspektive der Obdachlosen bekommt das noch mal eine ganz andere Bedeutung. Doch morgens ist es immer noch frostig.

---

26 In der Prozessorientierten Psychologie nach Mindell wird die Erfahrung, dass jemand eine Rolle oder eine Funktion in einem Feld übernimmt, die nicht wesentlich zu ihm gehört, die aber zur Entfaltung eines laufenden Prozesses wichtig ist, als „aufgeräumt sein" bezeichnet.

Gestern war ich nicht betteln, da ich noch genug Geld hatte. Und es gab keine Not, die mich herausgefordert hat, das Letzte zu geben.

Auf dem Wochenmarkt spiele ich nun Mundharmonika und habe am Ende 23 Euro in meiner Mütze. Drei Euro brauche ich jeden Tag für das Quartier. Über den Rest kann ich verfügen. Ich lebe seit Wochen von Geschenken!

Problematisch bleibt es, am Tag eine Toilette zu finden. Bei McDonald's, wo die Sanitäranlagen gut gepflegt sind, wird der Zugang hier durch einen Münzautomaten geregelt. Da gebe ich das Geld dann doch lieber der Toilettenfrau im Bahnhof.

Geburtstagsgeschenke

Mein Geburtstag. Bei der Meditation im Park bin ich innerlich unruhig. Es gibt Momente des Lauschens. Da ist ein ganzes Vogelkonzert. Zwei Krähen tragen mit einem Eichhörnchen einen Zwist aus. Ich will G. schreiben, unabhängig davon, ob sie mir geschrieben hat. Als ich losgehen will, ruft sie an. Mit anfangs belegter Stimme fragt sie nach meiner Situation. Sie weint und sagt, sie wäre gern diesen Tag mit mir zusammen und würde mir am liebsten etwas Gutes geben. Das geschieht genau mit diesem Anruf. Mit einem Mal ist sie mir ganz nah. Da spüre ich etwas von ihrer intensiven Beziehung zu mir.

An diesem Tag wünsche ich mir ein besonderes Geschenk aus diesem Feld, in dem ich gerade unterwegs bin – eine besondere Lebenserfahrung oder was auch immer. Am Nachmittag gehe ich zur „Klagemauer", wie Berti sie nennt. Das ist in der Nähe des Wohnheimes diese Nische mit Bänken am alten Friedhof an der

Pauluskirche. Hier hängen fast immer einige Alkoholiker ab. Nur Paul ist dort, den ich schon von den Tagen zuvor kenne. Paul passt in das klassische Bild der Penner und sieht ein bisschen verkommen aus. Meist hat er schmutzige Kleidung an, lebt ganz auf der Platte, d.h. er ist nicht in der Unterkunft, sondern schläft in irgendeiner leer stehenden Halle am Bahnhof. Die Bundespolizei kennt ihn und duldet ihn dort. Er bekommt vom Sozialamt seine zwölf Euro täglich und sein wesentliches Interesse besteht darin, die notwendige Bierration für den Tag kaufen zu können, dann vielleicht auch etwas zu essen und irgendwie mit ein paar Leuten im Kontakt zu sein. Ich sah ihn bisher nur auf schwankenden Beinen. Paul stinkt – vielleicht nicht auf drei Meter Entfernung, aber neben ihm zu sitzen, fordert schon heraus. Ob der mir etwas geben kann? Zwischen uns entwickelt sich ein Smalltalk und irgendwie habe ich gelauscht, ob es eine wesentliche Lebenserfahrung, etwas für mich zu Lernendes oder sonst etwas gibt. Paul kommt aus Thüringen. „Wo kommst du her?" fragt er mich. – „Brandenburg." – „Wo in Brandenburg?" – „Aus dem Havelland." – „ Das ist ein gutes Autokennzeichen!" Und er erzählt ausführlich, auf welchen Sozialämtern er dort in den neunziger Jahren überall seine Tagessätze abgeholt hat - auch in N. Ich sage ihm, dass ich da ungefähr 20 Jahre gewohnt habe. Er hat ein fotografisches Gedächtnis und kann mir genau den Weg zu den verschiedenen Sozialämtern beschreiben. Ausführlich erzählt er aus seinem Leben, mit welchen Tricks er es geschafft habe, damals an ca. 400 bis 500 D-Mark wöchentlich zu kommen, und wo er überall war. Die Sozialämter waren noch nicht vernetzt. In manchen Bundesländern gab es Kleidungsbeihilfe für den Winter am Stück, in anderen monatsweise. So hat er sich im November an einer Stelle die Gesamtsumme geholt und

dann in anderen Bundesländern noch einmal Monat für Monat. Er hat etwas Gewinnendes und so vielleicht manchen Helfer für sich eingenommen. In der DDR war er zweimal im Knast. Das erste Mal wegen „asozialen Verhaltens"[27]. Daraus entnehme ich, dass es ihn früher schon auf die Straße gezogen hat und es ihm, warum auch immer, schwer gefallen ist, einer geregelten Arbeit nachzugehen. Alkohol spielt in seinem Leben schon lange eine Rolle, ohne dass auszumachen ist, wo Ursache und Wirkung sind. Das zweite Mal saß er „politisch" in Bautzen wegen versuchter Republikflucht. Die Geschichte ist grotesk. Er war auf dem Weg nach Eisenach, wo er in dieser Zeit arbeitete. Betrunken eingeschlafen verpasste er die Station. Es war einer jener Züge, die in den „Westen" fuhren. Die Grenzkontrolle weckte ihn. Das brachte ihm zwei Jahre Haft wegen versuchter Republikflucht ein. Offenbar hat man die an sich klare Situation genutzt, um ein unliebsames „Element" wieder eine Weile von der Straße zu bekommen. Er konnte nicht ahnen, dass sich das im wahrsten Sinn des Wortes später einmal auszahlen sollte. Die Zeit in Bautzen brachte ihm 12.000 DM Haftentschädigung. Das hat ihm für eine kurze Zeit ein großes Leben ermöglicht: Bahnfahren und Taxi, in Hotels übernachten und gut essen. Nach zwei Monaten sei das Geld verbraucht gewesen. Er strahlt mich an: „Und es tut mir nicht leid darum!" Ich glaube ihm aufs Wort.
Zwischendurch war er mal ein Jahr sesshaft, in Arnstadt. Dann ist er wieder losgezogen. Ob er Kinder

---

[27] § 249 des StGB der DDR: Wer das gesellschaftliche Zusammenleben der Bürger oder die öffentliche Ordnung und Sicherheit beeinträchtigt, indem er sich aus Arbeitsscheu einer geregelten Arbeit entzieht, obwohl er arbeitsfähig ist, wird mit Verurteilung auf Bewährung, Haftstrafe oder mit Freiheitsstrafe bis zu zwei Jahren bestraft.

habe? „Nicht, dass ich wüsste. Als Durchreisender habe ich hier und da eine Frau gevögelt. Was daraus vielleicht geworden ist, weiß ich nicht."

Und plötzlich sagt er ganz unvermittelt: "In N. habe ich bei der Kirche geschlafen." Ich denke erst, ob er da irgendwo bei uns im Kirchengelände geschlafen hat. Aber er erzählt weiter: „Der Pfarrer in N., der hatte einen Wohnwagen im Hof. Da durfte ich schlafen. Am Morgen hat er mir zum Frühstück belegte Brötchen gebracht und hat mir noch fünf Mark mit auf den Weg gegeben." Ich bin fassungslos und sprachlos und weiß: Diese Begegnung ist mein Geburtstagsgeschenk! Es muss ca. 15 Jahre her sein, dass ich ihn beherbergt habe. Ich sage ihm nicht, dass ich diesen Pfarrer ganz gut kenne und er hat auch nicht danach gefragt. Das Geschehen bleibt mir ein Geheimnis, dem ich mit Dankbarkeit und Respekt begegne.

Ich glaube, dass Paul aus seinen Lebensumständen nicht mehr rauskommt und wohl auch nicht will. Er strahlt Zufriedenheit aus und mokiert sich über die Obdachlosen, die Übernachtungsheime nutzen. Das sind für ihn offenbar die Weicheier und sie seien nicht echt. So scheint es für jede Gruppe eine andere zu geben, auf die man herabsehen kann. Vielleicht wird Paul irgendwann auf der Straße sterben oder in einem Zustand aufgefunden werden, in dem er sich nicht wehrt oder wehren kann. Dann findet er sich vielleicht irgendwo in einem richtigen Bett vor. Mir wird bewusst, dass das, was ich als hoffnungslose Fälle ansehe, unter Umständen nicht deren Hoffnungslosigkeit ist, sondern die des Betrachters.

Auch von Berti erfahre ich mehr. Berti ist Sozialpädagoge und war als Bundeswehroffizier im Kosovo. Dort sollte er auf einem ihm zugewiesenen Gelände Soldaten in der Steuerung von Beobachtungsdrohnen unterwei-

79

sen. Das Gelände sei ihm als entmint zugewiesen worden. Doch dann sind zwei der Soldaten, für die er verantwortlich war, durch eine Mine tödlich verletzt worden. Damit kam er nicht klar, insbesondere nicht mit der Art und Weise, wie damit umgegangen wurde. Niemand wurde zur Rechenschaft gezogen. Berti nahm seinen Abschied. Seine Ehe zerbrach. Er ist Alkoholiker. Als Spiegeltrinker wird er nicht auffällig. Er wird nie betrunken irgendwo rumkrakeelen. Er braucht nur sein Quantum Alkohol im Blut, um sich wohl zu fühlen. Er erzählt von seinem Bauchspeicheldrüsenkrebs und wie er aus der letzten Chemotherapie ausgestiegen ist. Zwei Jahre gibt er sich noch und glaubt, dass er die auf der Straße verbringen wird.

Hardy kellnert. Er hat oft nachts Arbeit und darf deshalb auch am Tag im Schlafraum sein. Er hat früher bei Ratiopharm gearbeitet und hat dort die Arbeit verloren und dann auch ziemlich schnell die Wohnung. Er scheint sich sehr drum zu kümmern, sein Leben auf die Reihe zu bekommen und ist trotzdem ohne festen Wohnsitz. Dann ist da noch Arthur, der psychisch krank zu sein scheint. Jedenfalls wirkt er ziemlich neben der Spur.

Ich nehme meine Wertungen und Abwertungen wahr. Da ist der blasse nervige Typ, der jetzt dazu gekommen ist und der dicke, den ich fast nicht verstehe. Und da sind die Penner wie Paul. Ich sage, dass sie hoffnungslos sind, doch ich habe keine Hoffnung für sie. Was bedeutet das in Bezug auf meine priesterliche Berufung, ihnen zur Seite zu stehen? Für sie zu hoffen? Worauf? Jedenfalls geht es nicht unbedingt um die Eingliederung ins bürgerliche Leben.

Am Abend mache ich mich auf den langen Fußweg in den Stadtteil, wo Christa und Benedikt wohnen. So spare ich das Fahrgeld für die Straßenbahn. Ich bin

80

pünktlich und werde zum Essen erwartet. Es gibt Spaghetti Bolognese.

Hier weiß ich, dass ich meine Rolle verlassen muss. Sonst würde es Theaterspiel werden. Ich erzähle den beiden, warum ich auf der Straße lebe und was mein Beruf ist. Sie reagieren sehr freundlich und interessiert, fühlen sich nicht hintergangen. Sie haben viele Fragen zu meinem Weg. Es sind Menschen, die sehr bewusst leben und selber auf der Suche sind. Es ist ein anregender Abend. Für die Straßenbahnheimfahrt fehlen mir 50 Cent. Sie wollen aber, dass ich nicht laufe und geben mir das Fahrgeld. Auch dieser Abend ist ein besonderes Geburtstagsgeschenk.

Es gibt noch eines, von dem ich erst später erfahre. An diesem Abend hat G. in der Sitzung des Kirchenvorstandes erzählt, warum ich nicht da bin und wo ich mich gerade aufhalte. Das hat sie viel Überwindung gekostet. Und doch stellt sie sich damit hinter mich.

Die Münzen reichen am nächsten Morgen noch für einen Kaffee und für einen Ausflug ins Internet. Ich will heute Geld einspielen für eine Fahrkarte für Kati zu ihrem Freund nach Stuttgart. Auf dem Markt läuft es schlechter als sonst. Etwa dreizehn Euro habe ich mit der Mundharmonika erspielt. Ich wechsle in die Fußgängerzone und später vor das Münster (mit Sicherheitsabstand wegen des Küsters) – zwei Stunden lang fast nichts. Am besten geht es dann am Abend vor einem Supermarkt etwas abseits vom Stadtzentrum. „Ich spare für eine Fahrkarte" habe ich auf ein Schild geschrieben. Viele Leute reagieren freundlich. Ein Mann bringt mir eine Packung Schokokekse aus dem Laden mit und sagt: „Dann können sie sicher auch Reiseproviant gebrauchen." Der Erlös reicht, um für Kati die Fahrkarte zu kaufen. Mir bleibt gerade das Geld für die

Übernachtung. Doch für diesen zu Ende gehenden Tag ist damit gesorgt.

10. April. Kaputte Gesichter um mich herum – unter vielen Passanten. Bei meinen Mitbewohnern fallen mir extrem die kaputten Zähne auf. Peter erzählt mir von seiner Enttäuschung durch die Kirche, die ihn nicht dauerhaft in der Arbeit für Obdachlose angestellt hat. Ich weiß um Probleme mit Stellenabbau und Einstellungsstopps, doch ich höre ihm einfach zu und versuche nicht, die Institution zu verteidigen. Es geht um seine Enttäuschung und die Sehnsucht, dass sein Dasein und Engagement mehr gewürdigt worden wären, was immer auch geschehen sein mag.

Hardy, der sich als Kellner so engagiert hat, erhält die ersehnte Festanstellung nicht. Der nächste Enttäuschte an diesem Tag.

Es gibt irre viele Geschichten um die Hartz-IV-Problematik. Da gibt es Fehler von Betroffenen, die nicht immer den Regeln nachkommen können. Da gibt es aber auch Fehler seitens des Jobcenters, die den Betroffenen in die Schuhe geschoben werden. Ganz schnell kommt es zu Sanktionen, die manchmal schwer in die Existenz eingreifen. Ich habe noch viele von diesen Geschichten aus meinem Berliner Arbeitsumfeld im Ohr. Das Verfahren führt zwangsläufig zu Überforderung auf beiden Seiten.

Vor einem Typ im Wohnheim habe ich Angst. Der ist mir unheimlich. Ich gehe ihm aus dem Weg.

Nicht alle Lebensgeschichten haben meine Sympathie. Friedrich, der Autohändler war, erzählt, wie er nach der Wende VWs nach Leipzig gebracht und sich die Taschen voll gehauen hat. Und mir kommen dabei all jene in den Sinn, die dafür ihre Ersparnisse zusammen gekratzt haben und gelinkt worden sind. Er ist mir unangenehm. Doch er erzählt weiter. Man müsse eben

82

als Mann auftreten! Er schwärmt von der Musik, die er als Student gemacht habe und wie die Italienerinnen ihm nicht nur Geld, sondern auch noch viel mehr gegeben hätten. Seit dem Tod seiner Frau hätte er Sex nur noch mit Kindern gehabt – Wunschtraum oder Realität? Wie damit umgehen? Mich macht das stumm. Ich finde das eklig. Eigentlich hätte ich ihm sagen müssen, dass das ein Verbrechen ist. Ich hätte erzählen können, was es nach der sogenannten Wende mit mir gemacht hat, als solche Händler wie er aus dem Westen kamen. Er selbst hatte sich schließlich aufgeregt, was die Holländer alles an Antiquitäten aus den sogenannten neuen Bundesländern rausgeholt haben. Zugleich hat aber auch er Antiquitäten gekauft und verkauft. Da ging es wohl mehr um Konkurrenz als um Mitgefühl mit den Geprellten.

Philipp – ein Neuer ist im Haus, vielleicht zweite Hälfte Fünfzig oder Anfang Sechzig. Sein Leben hat er als Weltreisender verbracht, spricht mehrere Sprachen und war so ziemlich in allen Erdteilen außer in Nord- und Lateinamerika. Durch ihn erfahre ich, dass man sich beim Jobcenter als Tagelöhner bewerben kann. Doch die Angebote würden immer schlechter werden. Krass, ich wusste nicht, dass es das in Deutschland gibt. Für mich kommt es nicht in Frage, da dann der ganze Kram mit Sozialversicherung und Identität wieder los geht. Er selbst hat wohl immer mal Jobs als Dolmetscher auf Konferenzen gefunden. Auf die anderen Obdachlosen schaut er herab, da das alles „Alkis" seien.

Heute war ich wieder im Gottesdienst. Es ging um Thomas den Zweifler. Zwei Gedanken gingen mir besonders ins Herz. Die Jünger Jesu schließen sich ein, fühlen sich mit ihren Erfahrungen fremd, verbunkern sich. „Gemeinschaften, die sich einschließen, können nicht überleben!" Jesus ist für seine Freunde „von den

Wunden her erkennbar, nicht von einer Auferstehungs-
herrlichkeit". Das mögen sich unsere Gemeinden ins
Stammbuch schreiben, das passt in das Feld, in dem ich
mich bewege! Beim Friedensgruß vor dem Abendmahl
sollen wir uns einander kurz vorstellen. Ich sage meinem Nachbarn: „Ich heiße Matthias und lebe zur Zeit
auf der Straße". Ich merke, wie es in ihm arbeitet und
nach dem Gottesdienst fragt er, ob er mich zum Essen
einladen darf. Seine Junggesellenwohnung ist nicht weit.
Dank des Tiefkühlfachs genießen wir Pizza. Er ist
Informatiker und Lehrer, begeisterter Schachspieler und
kämpft um Fairness in diesem Sport. Auf meine Andeu-
tung hin, dass ich mir vorstellen kann, die Erfahrungen
von der Straße mal aufzuschreiben, bietet er Unterstützung an und gibt mir seine Mailadresse.
Berti, der vor ein paar Tagen weiter zog, ist wieder
zurück. Ich freue mich, er ist mir wichtig geworden.
Paul ist seit drei Tagen verschwunden. Niemand hat ihn
gesehen; keinen scheint das zu stören. Ich mache mir
Sorgen, ob ihm was passiert ist? Weitergereist ist der mit
Sicherheit nicht.
Für den Abend habe ich die Einladung von Christa und
Benedikt angenommen und sie in die Messe der Studen-
tengemeinde begleitet. Dieser Gottesdienst war lebens-
nah und einladend. Ihn unterschied eigentlich nichts
von einem evangelischen Gottesdienst. Das Abendmahl
wurde im Kreis gefeiert mit Brot und Kelch. Im Anschluss waren wir in einer Creperie essen.
Im Wohnheim gibt es die Möglichkeit, Wäsche waschen
zu lassen. Ich mache davon Gebrauch. Danach ist
dummerweise mein Pullover weg, der mich schon auf
dem ganzen Weg begleitet hat. Offenbar ist er versehentlich in die Kleiderkammer geraten und hat sofort
einen neuen Liebhaber gefunden. Mist! Verrückt, wie

84

man an so einem Kleidungsstück hängen kann. Loslassen! Ich darf mir einen anderen aussuchen.

Nun habe ich Paul schon seit Donnerstag nicht mehr gesehen. Ich suche nach ihm und finde ihn zu meiner Erleichterung an der Auszahlstelle der Tagessätze bei der Caritas.

Helmut ist vom Jobcenter für drei Monate in seinen Bezügen gesperrt. Wegen irgendeiner Geschichte musste er gemeinnützige Stunden ableisten. Dadurch konnte er nicht zu einer angebotenen Qualifizierung gehen – die Folge: drei Monate ohne Geld! Da trifft es wirklich den Falschen. Er weiß nicht wohin mit seinem Ärger: „Wenn die wüssten, mit welchen Gefühlen man da drin sitzt …“ Ich bin beim Zuhören wütend und den Tränen nah.

Kati ist wieder da und völlig frustriert. Sie hatte Streit mit ihrem Jakob, der völlig ausfallend geworden sei.

Auf dem Gehweg vor der „Klagemauer“ geht eine gut gekleidete Familie durch unsere herumlungernde Gruppe und grüßt freundlich. Das ist erfrischend und hinterlässt eine Spur in der Seele.

Eine Frau schenkt mir zehn Euro. Das bringt mich gut durch den Tag und macht einen Einkauf möglich: Äpfel, Schokolade und Bier für Berti.

Im Wohnheim würfeln wir. Es werden Job-Center-Geschichten erzählt. Einer ist gesperrt, weil er sich geweigert hat, in einem Ein-Euro-fünfzig-Job als Möbelträger zu arbeiten. Er ist ausgerastet. Mit der Sperre konnte er die Miete nicht mehr zahlen und verlor die Wohnung.

Steven kommt aus Sachsen-Anhalt. Er wirkt sehr jung. Bei seiner Mutter ist er rausgeflogen, dann bei seiner Freundin. Seit vier Jahren ist er krank, ohne dass man zunächst rausbekam, was er hat. Seit zwei Jahren hat er eine gesicherte Diagnose: Multiple Sklerose. Ich bin schockiert.

Klaus kommt nicht mehr zum Essen, „weil der Dicke immer so frisst – schon im Stehen". Das erträgt er nicht.

Das Abendessen war heute fürstlich: Knödelsuppe, Salat, Béchamel-Kartoffeln, Jägerschnitzel, Brokkoli und Quarkspeise.

Mit Berti bin ich viel im Gespräch. Das geht gut. Viel schwieriger ist es, dann einfach nur da zu sein und die Stupidität des Alltages, die mich umgibt, mit auszuhalten, ohne irgendetwas zu tun.

13. April

Und da gehen
Menschen und
bewundern die
Berggipfel die
Gewaltigen
Meeresfluten
der Flüsse
breiten Ströme
des Ozeans
andere Weite
und den
Kreislauf
der Gestirne,
sich selbst
aber lassen sie
außer acht

Diesen Text von Augustinus finde ich auf dem Fußboden einer Kirche als Kunstprojekt. Der Künstler ist beim Aufbauen. Wir kommen ins Gespräch und reden über Kunst und die Möglichkeiten, davon zu leben. Nach seiner Einschätzung leben 70 Prozent der Künst-

86

ler von Hartz IV. Es gäbe eigentlich keine Solidarität der „Reichen".

Das Wetter ist immer noch unfreundlich. Ich bin erkältet. Im Erwachen habe ich ein Traumbild. *Ich liege an der Brust meiner Liebsten... Ich lasse los. Was soll der Traum. Es geht vielleicht um Zeit der Intimität und des Loslassens, Nähe und Distanz, genährt werden und die Grenzen, die das hat. Wenn ich dem Weg der Traumdeutung folge, der davon ausgeht, dass alle Anteile und Personen eines Traumes Teile von mir sind, geht es darum mich selbst zu nähren. Was sind in mir mich nährende Potentiale?*

Gespräch am Frühstückstisch mit Lutz: Sie waren sechs Kinder und hatten eine temperamentvolle Mutter. Damit drückt er aus, dass sie viel geschlagen wurden. Eine Weile hat er in England gelebt und meint, dass Harry Potter in der englischen Originalausgabe nicht in gutem Stil geschrieben sei. Die deutsche Übersetzung sei viel besser. Mit welchen Leuten bin ich hier zusammen? Fremdsprachlich ist er mir weit überlegen. Ich könnte Harry Potter nicht in Englisch lesen, geschweige denn, das Englisch beurteilen. In London war er Obdachlosenzeitungsverkäufer. Jetzt jobbt er hier auf dem Bau.

Beim Betteln heute habe ich ziemlich genau das bekommen, was ich für den Tag brauchte – 4,80 Euro. Das sind drei Euro für die Übernachtung, ein Euro für das warme Abendessen und 80 Cent, von denen ich im Übernachtungsheim Kaffee oder Tee trinken kann. Letzteres ist schon Überfluss, den ich genießen darf.

Yves erzählt mir ausführlich von seiner Drogenkarriere. Jetzt ist er im Methadon-Programm. Ob er es schafft?

Nach dem Abendessen ergibt sich ein langer Spaziergang mit Berti. Ich höre klare Beziehungsansagen. Er ist mit der Flasche in der Hand unterwegs. Er will eigentlich gern von der Straße runter, will hier in der Stadt mal sehen, ob er irgendwo ehrenamtlich in die Jugendsozialarbeit mit einsteigen kann und so vielleicht den Absprung findet.

Berti trägt eine Jacke von Jack Wolfskind und hat einen super Vaude-Rucksack. Eine Frau auf dem Sozialamt in Würzburg war ihm sehr gewogen und hat ihm aus dem Fundus diese guten Sachen zukommen lassen. Für das Betteln erweist sich das nicht unbedingt als vorteilhaft, wie er dann gemerkt hat. Wer solche Klamotten trägt, wirkt nicht sehr bedürftig. Er erklärt mir Bettelstrategien. Erfolgreicher als „Sitzung halten", ist oft „Schmale machen". Man geht durch eine Fußgängerzone oder einen ähnlichen Bereich und spricht die Passanten an, ob sie mal einen Euro oder fünfzig Cent hätten. Am effektivsten sei das zu zweit, wenn einer dann die rechte und der andere die linke Seite nimmt. Am Schluss wird geteilt. Ich verstehe die Logik nicht ganz, aber es könnte daran liegen, dass die Menschen weniger ausweichen können. Er will mir das Ansprechen vormachen. Ich bleibe ein bisschen zurück. Er geht auf ein Paar zu und spricht sie an. Sie winken ab. Es ist wohl der schlagende Beweis dafür, dass er zu gut angezogen ist. Zu abgerissen funktioniert allerdings auch nicht. Da liegt der Verdacht zu nah, dass das Geld verflüssigt wird.

14. April. Der Ertrag des Tages war wieder nicht gerade üppig, aber es reichte für den Tag inklusive Essen ausgeben für Sven und den nächsten Morgenkaffee. Abends gibt es Hackbraten. Kati unterhält sich lange mit mir. Dann fällt der Satz „So einer wie du wäre richtig für mich". Eine Seite in mir kann diese Liebeserklärung nehmen, eine andere Seite schaudert. Ihre Sehnsucht ist präsent. „Ich hätte da einen, doch der hat eine Freundin, da will ich nicht zwischen gehen..." so geht es weiter. Nach eineinhalb Stunden Zuhören kann

88

ich nicht mehr und gehe schlafen. Das schlechte Wetter setzt sich fort. Ich habe Sorge, dass ich mir die Fahrkarte, die ich noch bis Stuttgart brauche, nicht erspielen kann. Der geplante Zwischenstopp zu Hause kommt immer näher. Die Fahrkarte von Stuttgart nach Paris und von Paris nach Toulouse habe ich wohl verwahrt im Rucksack.

Durch die Erkältung muss ich öfter auf die Toilette. Das bleibt beim Unterwegssein ein echtes Problem.

15. April. Heute läuft es wieder super. Alles Geld, das ich für die Weiterreise brauche, habe ich zusammen. Ein Altenpfleger schenkt mir zehn Euro. Als ich „In dir ist Freude" spiele, kommt ein Mann auf mich zu und sagt: „Für den Giovanni Giacomo Gastoldi[28] bekommen sie von mir fünf Euro. Das ist mein Lieblingslied. Ich bin Pfarrer im Ruhestand." Das ist also ein Kollege von der anderen Seite. Abends vor dem Supermarkt kommen zu etlichen Münzen noch gutes Brot und Büchsenfleisch hinzu. Das kann ich für die Reise gut gebrauchen.

Berti sammelt nicht nur Flaschen, sondern auch Zigarettenkippen aus den öffentlichen Aschenbechern und Rinnsteinen. Er holt den Resttabak heraus und dreht sich neue Zigaretten daraus.

In der Szene taucht ein Typ auf, der per Fahrrad unterwegs ist. Schnell ist er mit Berti im Gespräch, sie tauschen sich aus und fachsimpeln. Es gibt in der wandernden Szene einige überregional bekannte Gestalten, die einen Namen haben und geachtet werden mit ihrem Erleben. Der Fahrradfahrer ist ein Einzelgänger und ein Möchtegernberber. Mich stößt ab, wie er über die

---

[28] Gastoldi hat die Melodie 1591 geschrieben. Sie ist wie ein Tanz und kann auch den ansprechen, der das Kirchenlied nicht kennt. Ich mag sie auch. Hinzu kommt, dass es aus dem 19. Jahrhundert auf dieselbe Melodie noch einen Volksliedtext gibt: An hellen Tagen.

„Stadtratten" redet. Er hat einen LKW-Führerschein und seine Fahrerkarte dabei, um wenn nötig, Gelegenheitsarbeiten annehmen zu können. Aber eigentlich will er nur frei unterwegs sein. Ich schätze ihn Anfang Dreißig.

Zwischendurch gab es eine brenzlige Situation. Einer von den Leuten von der „Klagemauer" pöbelte einen farbigen Schüler an, dieser zog sofort eine Stahlrute. Doch die anderen konnten die Spannung auflösen. Das Geschehen ist außergewöhnlich. Von Obdachlosen selbst geht eher keine Gewalt aus. Die Gefahr, irgendwann schutzlos selbst etwas abzubekommen, ist viel zu groß und allgegenwärtig.

16. April. Ich muss hier für nichts mehr sorgen, kann einfach unterwegs sein und gehe mit Berti durchs Fischerviertel. Er zeigt mir schöne Orte und Ecken, die er in dieser Stadt für sich entdeckt hat. Er macht Fotos mit dem Handy, auch von mir. Oh, da hätte ich gern etwas von. Was mag er damit machen, wenn die Speicherkarte voll ist? Eine Mailadresse hat er nicht und nirgendwo einen Ort, Dateien abzulegen. Das ist nicht seine Welt. Abends spielen wir in einem Park eine Partie Schach. Berti gewinnt. Er fragt: „Hast Du mal irgendwas studiert? So wie Du Dich ausdrückst, das ist anders als bei den anderen." Ich bleibe bei den Bruchstücken aus meinem Leben, die ich bisher preisgegeben habe: mal Pfleger gelernt, zurzeit ohne Arbeit und geschieden, eine Freundin in Frankreich, zu der ich jetzt hinfahren kann. Vielleicht wäre es hier dran gewesen, mehr zu sagen. Hinterher grämt mich das noch sehr. Er hat mir viel über sein Dasein anvertraut. Ein Stück Freundschaft ist gewachsen.

90

17. April – Paris. Ich bin auf zweierlei Weise froh, dass ich die Reise mit dem Zug und nicht per Flugzeug geplant habe. Ich hatte mir vorgestellt, dass es besser sei, langsam nach Hause zu kommen, auch wenn es nur ein Zwischenstopp werden soll. Und es ist tatsächlich gut, zwischen meinen Lebenswirklichkeiten nicht per Flugzeug zu wechseln. Nun stellt sich auch noch heraus, dass ohnehin über Europa wegen des Vulkanausbruches auf Island große Teile des Flugverkehres zusammen gebrochen sind. Der Flug wäre ausgefallen. Aber auch in Frankreich macht sich weiteres Chaos breit. Im Süden streikt die Bahn. Auf allen Pariser Bahnhöfen sitzen gestrandete Familien. Es ist Ferienzeit und die im Transportgewerbe Arbeitenden nutzen diese Zeiten gerne für ihre manchmal recht abenteuerlichen Streikaktionen. Es bleibt eine Weile unklar, ob mein Zug fahren wird.

Auf der Straße vor dem Bahnhof sitzt unter dicken Decken verborgen eine farbige Frau und schläft. Dann kommt langsam Bewegung in das zeltartige Gebilde. Sie erwacht. Um sie herum kommen ein kleiner Campingkocher und leere Konservendosen zum Vorschein. Alles ist unendlich schmutzig und trostlos. Das, was ich an Obdachlosigkeit bisher erlebt habe, scheint gar nichts dagegen zu sein. Das hier ist noch um einiges schärfer. Eine lähmende Atmosphäre breitet sich von diesem Elend aus.

Mit Verspätung startet mein Zug im Bahnhof Austerlitz, bis er unterwegs auf einem winzigen Provinzbahnhof stehen bleibt. Nichts geht mehr, es wird weiterhin gestreikt. Die Franzosen nehmen es erstaunlich gelassen. Irgendwann werden wir in Busse verladen, die uns bis nach Toulouse bringen. Unterwegs kommt eine SMS von Berti, der schreibt, wie sehr er mich vermisse. Es ist das letzte, was ich je von ihm gehört habe. Durch einen

Softwareabsturz meines Handys ging mir dann seine Telefonnummer verloren.

Zwischenstation

Einige Tage bin ich zu Hause. Ich möchte eigentlich nicht wieder auf den Weg. Ich habe doch eine Menge gesehen und erlebt und glaube zu wissen, wie man als Obdachloser unterwegs ist. Ich habe beides erlebt, das Weiterziehen als „Durchreisender" mit der täglichen Sorge, einen Übernachtungsplatz zu finden und das in einem immer vertrauter werdenden Umfeld eines Ortes Bleiben. Ich habe Rahmenbedingungen in Frankreich und in Deutschland kennengelernt. Was kann jetzt noch Neues kommen? Ich schreibe eine Art Zwischenbericht für diejenigen in meiner Ausbildungsgruppe, die mein Projekt innerlich begleiten, und für meine Kinder. Ich erhalte freundliche und interessierte Antworten, die aber offen lassen, wie und wo es für mich weiter geht. Ich muss es allein entscheiden.

Eine Seite in mir weiß, dass mindestens ein Feld offen geblieben ist: Ganz unter den Brücken zu leben, wirklich ohne Obdach zu übernachten. Das gilt es zu ergründen. Es zieht mich nach Montpellier, etwa 250 Kilometer von Toulouse entfernt. Für G. bleibt der Gedanke schrecklich, dass mich jemand aus unserer Gemeinde oder der französischen Kirche irgendwo bettelnd erkennen könnte. Da ist der „Sicherheitsabstand" willkommen. Etwas anderes spielt wahrscheinlich bei der Wahl noch eine Rolle. In Montpellier war mein Vater in Kriegsgefangenschaft. Dort gab es, was heute fast niemand mehr weiß, eine theologische Fakul-

92

tät hinter Stacheldraht.[29] Obwohl es keine Spur mehr von dem Lager gibt, möchte ich wohl diesen Ort spüren. Wie würde mein Vater das aufnehmen? Heute würde ich gern mit ihm durch diese Stadt gehen.

Ich breche auf wie bisher. Habe eine Fahrkarte und ein paar Münzen in der Tasche, Rucksack, etwas Wechselwäsche, Schlafsack und Isomatte.

Montpellier – unter den Brücken

An einem Samstag Ende April komme ich an. Es ist Markttag. Ich schlendere durch die Stadt, um sie kennen zu lernen. Es gibt einen neu gebauten Stadtbereich, der ganz dicht am Zentrum liegt. Dort stehen monumentale Bauten. Sie haben etwas Klotziges und Totes, erinnern mich an Bauwerke in Berlin aus der Stalinära.[30]

---

[29] Etwa 250 deutsche Gefangene haben hier ihr Theologiestudium begonnen und 58 Diakone fingen ihre Ausbildung an. Es ist im doppelten Sinne ein bemerkenswertes Geschehen. Zum einen verzichtete der französische Staat auf die Arbeitskraft der Gefangenen beim Wiederaufbau des Landes. Zum anderen ist Frankreich ein laizistischer Staat. Es gab in ähnlicher Weise hinter Stacheldraht auch eine Priesterausbildung. Insgesamt hatte Frankreich schon während des Krieges in Nordafrika in Gefangenenlagern einen Universitätsbetrieb organisiert. Es war eine Investition in die Zukunft Deutschlands durch Bildung. Wie viele junge Soldaten waren von der Schule weg in den Krieg gezogen oder hatten ihre Studien abgebrochen. Die protestantische theologische Ausbildung war geprägt durch das Denken des reformierten Theologen Karl Barth, der sich sehr früh aktiv der Naziideologie entgegengestellt hatte und zur prägenden Kraft der Bekennenden Kirche in Deutschland geworden war.

[30] Der Stadtbezirk heißt Antigone und wurde, wie ich später erfuhr, von dem spanischen Stararchitekten Ricardo Bofill in den 80iger Jahren des vorigen Jahrhunderts erbaut. Auf 40 ha finden sich hier über 2.200 Sozialwohnungen und ein palastartiger Bürokomplex.

Direkt am Place de la Comédie, dem zentralsten Platz, beginnt ein nicht umzäunter Park mit mancherlei Gebüsch. Hier könnte man vielleicht einen versteckten Schlafplatz finden. Aber überall liegt Kacke rum, nicht nur von Hunden. Ich laufe den Fluss stromab. Das Stadtzentrum ist schnell verlassen. Oberhalb des Hanges befindet sich ein Baugebiet, mit großen Rohbauten, gegenüber auch. Am Ufer sind Büsche und Gras. Ich komme an einen trockenen Regenwasserkanal. Es ist eine Art Betontunnel mit rechteckigem Profil – ungefähr neunzig Zentimeter breit und siebzig Zentimeter hoch. Das wird mein Schlafplatz werden. Der Kanal kommt aus einem Sammelbecken, das auf der anderen Seite des Walls an eine der Großbaustellen grenzt. Zurzeit gibt es dort kein Wasser. Hier wird mir so schnell keiner in die Quere kommen. Dass so ein Quartier nicht ganz ungefährlich ist, werde ich später erfahren.

Bei der Erkundung der Stadt stoße ich nicht weit vom Bahnhof auf die reformierte Kirche. Hohe Gitter schließen sie von der Straße ab wie alle anderen öffentlichen Gebäude auch. Die dürften schwer zu überklettern sein, vielleicht weil sich in den Eingangsbereichen ganz gute überdachte Nischen befinden, die sich als Schlafplätze anbieten würden. Selbst die meisten Parks sind von Gittern umstellt und werden abends abgeschlossen. Penner sind unterwegs, die sich gegenseitig so begrüßen, als würden sie sich schon lange kennen. Ich will erst mal ankommen. Vielleicht finde ich in den nächsten Tagen jemand, der mich mitnimmt und mich tiefer in diese Welt einführt. Das Wetter ist freundlich. In der Fußgängerzone von Antigone, dem neu errichteten Stadtviertel, sammelt eine Tierschutzorganisation Unterschriften und eine andere Gruppe ruft zum Protest gegen israelische Aggressionen in Palästina auf. Im Stadtpark gibt es ein

94

Denkmal, das an den Armeniergenozid erinnert und ein weiteres, das die Hoffnung auf Frieden in Palästina dokumentiert. Inzwischen ist es abends nach halb neun und der Spielplatz ist immer noch voller kleiner Kinder. In Südfrankreich läuft die Zeit anders. Selbst als ich um zwanzig vor elf aufbreche, sind immer noch Eltern mit ihren spielenden Kindern hier – trotz der Dunkelheit. Die Laternen geben genug Licht. Südliche Lebensart.

Ich schlafe gut in meinem Regenwasserkanal. Am Morgen nehme ich wahr, dass hier verschiedene Hunde ausgeführt werden. Was wird wohl, wenn so ein Hund, arglos von der Leine gelassen, mich hier aufstöbert?

Es ist Sonntag. Ich will mal sehen, wie sich die reformierte Kirche hier zeigt und ob ich dort wichtige Informationen für das Überleben in Montpellier bekommen kann. Am Eingang steht eine Bettlerin mit einem Pappbecher in der Hand. Sie hat zahlreiche kleine Münzen bekommen und einen Fahrschein für die Straßenbahn. Die Kirchgänger reden freundlich mit ihr. Das ist eine ganz andere Atmosphäre als damals in Gaillac. Auch der Pfarrer begrüßt mich freundlich. Eine Frau spricht mich an und gibt sich als Deutsche zu erkennen – Barbara. Sie erzählt mir von den Anlaufstellen in der Stadt, wo man etwas zu essen bekommen und auch duschen könne. Nach dem Gottesdienst schlafe ich zwei Stunden im Park und durchstreife anschließend die Altstadt. Gelebt habe ich gestern und heute jeweils von einem Baguette und Wasser, wofür die paar Münzen noch reichten. Nieselregen. Ich muss an Geld kommen, wenn ich nicht Hunger haben will und versuche es mit der Mundharmonika, an einen Poller der Fußgängerzone gelehnt. Die Menschen gehen vorüber. Ein lustiger Typ mit einem kleinen Hund kommt vorbei und zeigt mir, dass es besser sei, sich an eine der Straßenecken zu stellen. So richtig läuft es aber nicht.

Nachher ist er wieder ran und fragt, wo ich denn her sei. Dann wechselt er ins Deutsche. Hermann kommt aus der Nähe von Stuttgart, er sei aber schon lange hier. Er erzählt, wie weit er schon durch die Welt gekommen sei – als Fremdenlegionär. Er zeigt mir Montpellier. Auf der anderen Seite des Flusses gibt es eine Ansammlung berühmter Köpfe – im wahrsten Sinne des Wortes. Es sind alles Franzosen und er erklärt mir, welcher Kopf wann gerollt ist und behauptet, er hätte die hier mit aufgestellt, sei jetzt aber arbeitslos. Er trinkt Wein aus der Flasche und wird immer redseliger. Hermann wohnt in Antigone auf einem ebenerdigen Hotelbalkon, der keine Tür zu einem Zimmer hat. Der Besitzer oder Verwalter duldet das. Er hat dort Holzpaletten, Matratzen und Decken, einen Kocher, ein paar Vorräte und eine Menge leerer Flaschen. Er lädt mich ein, die Nacht bei ihm zu bleiben und stellt mich dem „Chef" vor. Ich zögere. Ob es hier Ungeziefer gibt? Dann lasse ich mich ein. Wer kann mir besser etwas von dem Leben hier zeigen als so ein Typ. „Nimm dich in acht vor den Stadtratten und den anderen Deutschen, die es hier gibt. Drei sind es noch. Die haben mir mal den Arm gebrochen – ganz ohne Grund!" Nachts zwischen zwei und drei werde ich wach: „Heil Hitler!" und immer wieder „Heil Hitler!" Hermanns Hund bellt und der Typ, der sich über die Betonbrüstung beugt, stachelt ihn an. Offensichtlich ist er betrunken und ich bin froh, als er sich trollt. Um elf Uhr am Vormittag wachen wir auf, obwohl die Straße belebt ist. Dicht bei dem Balkon ist ein Eingang zum Kindergarten. Ich muss sehr fest geschlafen haben. Hermanns Geschichten gehen durcheinander. Er erzählt von Schulden in Spanien und Deutschland, weshalb er hier sei. Dann ist es wieder die Rente der Fremdenlegion, weshalb er hier bliebe. Er lässt sich zwei Büchsen Bier ausgeben, weil er gerade kein Geld habe. Damit bin auch ich pleite.

Hermann zeigt mir den Lidl und bringt mich zu einem Anlaufpunkt für Obdachlose – St. Vincent de Paul steht am Hoftor. Er selbst trollt sich, keine Ahnung warum. Dort gibt es einen Aufenthaltsraum, wo man wohl auch morgens Frühstück bekommt. Und man kann gegen ein kleines Entgelt vormittags auch duschen. Eine Menge Leute sitzen im Hof rum, einige spielen. Dort lerne ich Ruben kennen. Er ist mit seiner Gitarre unterwegs, ein freundlicher Holländer. Zu Ruben gehört ein kräftiger Hund, ein Rottweiler, der ein ganz sanftes Gemüt zu haben scheint. Seit zwei Jahren schon leben sie in Montpellier. Ruben macht Straßenmusik. 36 Jahre alt ist er – ich hätte mindestens 10 Jahre mehr geschätzt. Das Haar ist strubblig. Zahnlücken sind sichtbar. Er geht mit mir zu den Sozialarbeitern und besorgt mir zwei Essenmarken. Das ist so eine Art Begrüßungsgeld für Neuankömmlinge. An allen Werktagen kann man hier zu Mittag essen zum Preis von einem Euro fünfzig. Das wird als Eigenverantwortung erwartet. Der Sozialarbeiter diskutiert mit mehreren Rumänen, die sauer sind, weil sie keine Essenmarken bekommen. Sie schimpfen rum, dass sie doch auch Europäer seien und sehen sich diskriminiert. Ruben erzählt, dass sie seit Tagen hier schon kostenlos Essen bekommen haben und wohl nicht einverstanden sind, dass es einen Eigenbeitrag gibt. Als ihnen dann keine andere Wahl bleibt, haben sie das nötige Kleingeld da, um ihr Essen zu bezahlen. Wir laufen nach dem Mittagessen durch die Stadt. Er zeigt mir, wo das Resto du Cœur abends unter freiem Himmel Essen ausgibt. Ich lerne noch zwei Stützpunkte vom Croix-Rouge kennen, in denen man am Wochenende versorgt werden kann.

97

Eigentlich ist Ruben Informatiker. Nachdem sein Partner an Aids starb, hat es ihn aus der Bahn geworfen – Alkohol, Drogen, Therapieversuche, Depressionen, irgendwann der Job weg und dann das Haus. Seit einigen Jahren ist er unterwegs. Er ist in der Stadt bekannt und irgendwie auch anerkannt. Wenn er Musik macht, dann seien fünfzig Euro am Tag oder hundertfünfzig am Wochenende durchaus drin. Ich kann mir das kaum vorstellen. Wir besuchen eine kleine internationale Buchhandlung mit Antiquariat. Sie liegt in einer winzigen Gasse und ist zugleich Straßencafé. Die Besitzer sind Holländer und sie führen insbesondere englische und deutsche Bücher. Ich soll mir aus dem Antiquariat etwas aussuchen. Ruben lädt mich dazu ein.

Wir treffen Harry, der schon drei Jahre hier lebt. Er spricht mit den Passanten ein Gemisch aus verschiedenen Brocken europäischer Sprachen. Sein kleiner Hund Rosi ist trächtig. Das wird ein Problem mit dem Tierschutz geben, wenn er sich mit dem Hund und neu geborenen Welpen auf der Straße blicken lässt. Harry erzählt von der Krätze, die ein echtes Problem sei. Hermann hätte ihm das eingebrockt! Au weih, und ich habe dort geschlafen! Kann ich es verantworten, da wieder hinzugehen? Oder ist es nur, dass diese Männer sich nicht grün sind und deshalb voreinander warnen?

Ich ziehe allein weiter, versuche, Musik zu machen. In einer kleinen Seitenstraße hocke ich mich auf dem Gehweg gegenüber einem Eisstand und spiele Mundharmonika. Es ist ein frühlingshafter und warmer Tag. Ein Transporter schiebt sich durch die enge Gasse. Aufstehend spiele ich weiter, mir wird plötzlich schwarz vor Augen. Während ich der Länge nach hinschlage, glaube ich noch mein Spiel zu hören. Wie viel Zeit ich „weg" bin, weiß ich nicht. Ich schätze, es waren nur Sekunden. Um mich stehen Leute. Ich rapple mich auf.

98

Einer Frau habe ich im Fallen die Papiereinkaufstasche beschädigt. Das ist mir peinlich. Ich habe ein paar blutige Schrammen am Ellbogen. Die Frau vom Eisstand bringt ein Desinfektionstuch. Ein Mann fragt, ob er die SAMU[31] rufen soll. Ich beschwichtige und sage, dass ich den Tag über noch nichts getrunken habe. Er gibt mir fünf Euro. Ich trinke die Wasserflasche aus und bitte am Eisstand, sie erneut zu füllen. Unter dem T-Shirt trage ich eine kleine Jakobsmuschel, die mir meine Tochter, die seit über einem Jahr in Peru ist, hat zukommen lassen. Ihre Kanten haben das T-Shirt durchlöchert. Ich muss doch ziemlich heftig hingeschlagen sein. Das Taschenmesser in der Hosentasche hat eine Prellung am Oberschenkel hinterlassen, die schmerzhaft drückt.

Essen gibt es „auf der Straße" anscheinend genug. Wenn man zu den angesagten Zeiten dort ist, geht bei den karitativen Einrichtungen keiner leer aus. Manchmal muss man eine Kleinigkeit zahlen. Das Resto du Cœur kommt mit einem kleinen LKW. Dann werden Tische aufgebaut, an denen das Essen ausgeteilt wird. Es gibt meist eine Suppe, ein warmes Gericht und einen Beutel mit Dessert. Manchmal enthält er Süßigkeiten, meist ein Stück Obst, einen Joghurt oder ein Becherchen Pudding. Und man bekommt Wasser und sogar Kaffee. Zum Ende der Zeit hin ist meist auch ein Nachschlag möglich. An manchen Tagen gibt es zur Suppe aber auch „nur" ein Sandwich.

Heute gibt es ein halbes Thunfisch-Baguette und ein halbes mit Käse, weiterhin Suppe und Brot, Apfelkompott, Kekse und etwas Schokolade, dazu Kaffee oder

---

[31] Service d'Aide Médicale Urgente – dringende medizinische Hilfe - Notarztwagen

Kakao. Unter denen, die hier das Essen austeilen, sind auch ganz junge Leute.

Irgendwie kommen hier bedürftige Menschen aus halb Europa zusammen und auch aus anderen Ländern. Es sind Franzosen da, die offenbar bedürftig sind, ohne dass sie wie Obdachlose aussehen. Keiner wird nach Papieren gefragt. Niemand muss sich erklären. Jeder wird herzlich empfangen.

An der Ausgabestelle lerne ich Katrin kennen, eine junge Frau aus Hoyerswerda, und eine Französin, der es offenbar auch einfach am Essen fehlt. Ob sie obdachlos ist, bekomme ich nicht heraus.

Wir sitzen auf einer großen Treppe, die zu dem Platz hinunter führt, wo das Ausgabefahrzeug steht. Plötzlich wird es laut, es gibt einen heftigen Streit zwischen einem Franzosen und einer Spanierin, die mit ihrer Tochter hier ist. Ich verstehe nicht, worum es geht, aber es wird brenzlig. Kein Wunder, dass so etwas aufkommt. Hier treffen sich doch allerhand angeschlagene Menschen.

Da die Ausgabestelle des Resto du Cœur nicht im Stadtzentrum liegt, muss man ein ganzes Stück laufen. Harry ist das meistens zu weit, zumal er zum Spätnachmittag hin auch oft schon gut Wein getrunken hat. Doch wer in der Stadt seinen Stammplatz hat und bekannt wird, scheint auch seine „Stammkunden" zu gewinnen. Während ich bei Harry sitze und er die Vorübergehenden freundlich grüßt, kommen immer wieder Einzelne, die er offenbar schon länger kennt. Sie geben ihm einen oder zwei Euro. Solche Beträge sind hier sonst eher selten. Manchmal bekommt er auch etwas zu Essen angeboten. Stolz erzählt er von einer Frau, die gegenüber wohnt. Sie hatte ihm noch nie etwas gegeben. Eines Tages kam sie und legte ihm wortlos einen Briefumschlag in seine Bettelschale. Im Umschlag seien zweihundertzwanzig Euro gewesen. Er habe sie

100

der Verkäuferin des Kioskes, vor dem er sitzt, zur Aufbewahrung gegeben. Sie hat ihm das Geld nach und nach ausgezahlt.

Er erzählt von einem Lebensmittelgeschäft, in dem er des Öfteren einkauft. Die Besitzerin gibt ihm immer mal Hundefutter umsonst oder günstiger. Sie hat ihm auch zugesagt, sich um den Hund zu kümmern, wenn die Welpen geboren werden. Dort ist wohl auch Hermann Kunde. Manchmal geben Vorübergehende Restaurant-Gutscheine. Das ist ein System von Wertschecks, die Firmen ihren Mitarbeitern geben, wenn sie keine Kantine unterhalten. In vielen Restaurants kann man damit bezahlen bzw. auch in Supermärkten Lebensmittel einkaufen.

Harry ist 53 Jahre alt und ohne Papiere. Auch er wirkt mindestens zehn Jahre älter. Von ihm ist zu erfahren, dass man in Frankreich mit dem Zug ganz gut schwarz fahren könne. Wer ohne Papiere sei, würde halt an der nächsten Station rausgeworfen. Ärger mit der Polizei gäbe es nicht. Ob ich dem Frieden trauen kann? Auf der Herfahrt bin ich nicht kontrolliert worden. Doch ich will eher nichts riskieren, will mir die Fahrkarte ansparen, auch wenn das hier viel schwieriger erscheint als in Deutschland. Geht das vor dem Hintergrund der Entscheidung, nur so viel für mich zu nehmen, wie ich für diesen Tag brauche? Bringe ich im Moment nicht das Vertrauen auf, dass für alles Notwendige gesorgt sein wird?

Im Stadtbild fallen mir unterschiedliche Gruppierungen von Menschen auf, die in irgendeiner Weise unterwegs sind. Da gibt es ganze Gruppen von Punks und anderen Jugendlichen, die Rucksäcke und manchmal einfach Kartons dabei haben. Sie halten sich abseits von den übrigen Obdachlosen. Und dann sind da noch die Sinti und Roma, eine ganz eigene Klasse für sich.

Ungefährlich ist das Leben auf der Straße auf keinen Fall. Harry hat eine Wunde am Bein. Er saß mit ausgestecktem Fuß auf der Treppenstufe, als jemand kam, der ihm mit voller Wucht auf das Bein trat. Er hat Glück, dass es nicht gebrochen ist. Aber geblieben ist eine schlecht heilende Wunde. Ehrenamtliche von *Médecins du Monde* versorgen sie hier auf der Straße. Er warnt mich, irgendwo allein zu schlafen, da es durchaus passieren könne, mal einen Stein auf den Kopf zu bekommen, weil sich jemand für meinen Rucksack interessiere. Mir wird unheimlich. Ich habe auch Angst, mich mit Krätze anzustecken und gehe für diese Nacht lieber wieder in meinen Regenwasserkanal. Dort ist es auch ruhiger. Die Prellung schmerzt, das Laufen geht mühsam.

27. April: Endlich konnte ich bei der Anlaufstelle von St. Vincent duschen. Man meldet sich an und bekommt eine Nummer. Es gibt mehrere Kabinen und Ehrenamtliche reinigen die Duschen nach jeder Nutzung. Ich bekomme ein frisches Handtuch und Seife. Bei Bedarf gibt es auch Rasierzeug. Fünfzig Cent kostet die Benutzung der Dusche. Man kann auch eine rabattierte Mehrfachkarte lösen. Ich habe den Eindruck, dass es unter den Ehrenamtlichen sehr viele Männer gibt. Vielleicht liegt das an dem für Europa sehr frühen Renteneintrittsalter[32]. Aber trotzdem ist ja keiner verpflichtet, sich dann ehrenamtlich zu engagieren. Ich denke, in Deutschland ist das wohl eher eine Frauendomäne.
Nach dem Duschen fühle ich mich wie neugeboren. Das Frühstück hat 25 Cent gekostet (ein Stück Baguette und eine Portionspackung Butter 15 Cent, ein Kaffee oder Kakao 10 Cent). Von dem, was ich gestern einge-

---

[32] 62 Jahre

spielt habe, bleiben mir 15 Euro. Verrückt, mit dem Haben beginnt sofort die Angst, es zu verlieren oder weggenommen zu bekommen.

Bei den Kollegen sehe ich so manche Narbe im Gesicht und in der Regel abgebrochene Zähne und Zahnlücken. Und es ist erstaunlich, wie viele Frauen auf der Straße leben!

In der Stadt treffe ich Hermann wieder, der mir sagt, dass er außer den beiden Büchsen Bier gestern nichts zu sich genommen hat. Eingenommen habe er 20 Cent. Das steht so im Widerspruch zu den großen Geschichten des ersten Tages unserer Bekanntschaft. Da hatte er erzählt, mit welchen Gastwirten der Umgebung er befreundet sei und dass er überall umsonst zu essen bekäme. Er müsse sich bei den gemeinnützigen Organisationen nicht anstellen. Er würde auch im Fluss fischen und damit immer mal ein Restaurant beliefern. Das sind wohl seine Träume. Er weiß um sein Alkoholproblem und meint, dass er eigentlich dringend in die Entgiftung müsse. Er verabschiedet sich, weil er noch mal am Altkleidercontainer vorbei will: „Ich habe nur das, was ich auf dem Leib trage."

Die Schmerzen in meinem Oberschenkel sind heftiger geworden. Es fällt mir schwer zu laufen. So entscheide ich mich, mit in der Innenstadt zu schlafen. Da ist im Stadtpark so ein überdachtes bühnenartiges Rondell. Jeden Abend sitzen dort eine Menge Gestalten rum, die auch nach Einbruch der Dunkelheit bleiben und sich einen Schlafplatz einrichten. Ein paar Hunde sind immer mit dabei. Die Hunde sind faszinierend. Da sie den ganzen Tag mit ihren Besitzern verbringen, sind sie meist sehr auf sie fixiert und gehorchen gut. Sie geben etwas Sicherheit und Geborgenheit und die Nähe eines lebendigen Wesens.

Es sind ungefähr ein Dutzend ganz verschiedene Gestalten hier an diesem Abend. Einige trommeln bis halb drei. Als es ruhig geworden ist, kommt Polizei. Sie schauen sich um, lassen uns aber in Ruhe. Neben Harry liegt Marcel, der total dicht ist. Harry nimmt eine seiner Decken und deckt ihn zu, damit er nicht auskühlt, eine anrührende Geste. Er ist seit 20 Jahren auf der Straße. Er rät mir weiterhin zur Vorsicht, denn er sei schon mehrfach ausgeraubt worden. Ohne etwas von meiner Herkunft zu wissen, erzählt er von seinem Glauben, von einer Konfirmandenfahrt nach Italien, die für ihn unvergesslich ist.

An diesem Tag habe ich keinen Cent eingenommen. Daraufhin habe ich versucht, freundliche Blicke zu sammeln. Ein Kind tanzte zur Musik der Mundharmonika, die Mutter lachte fröhlich. Es ist gar nicht so einfach, ein Lächeln auf ein Gesicht zu bringen. Bei den Kindern geht es am schnellsten. Die Erwachsenen sind verschlossener. Ein Ehepaar hastet vorbei in Wandermontur deutlich erkennbar als Pilger auf dem Jakobsweg. Sie wirken abwesend. Er telefoniert im Laufen. Sie hat die Ohren mit Ohrhörern verstöpselt wie so viele andere auch. Das blockiert die Sinne. So kann man kaum in Kontakt kommen.

28. April: Frühstück beim Croix-Rouge. Auch dort kann man duschen und die Kleidung wechseln.

Ich sitze vor einer Bankfiliale. Den profitablen Platz vor der Bäckerei in einer kleinen Gasse musste ich räumen. Ein Polizist kam und hat mich weggeschickt. Offenbar hat sich ein Anwohner über die Mundharmonikamusik beschwert. Der Polizist war ein junger Mann, der ein kleines Kreuz am Hals trug. Das ist ungewöhnlich im laizistischen Frankreich, wo man sich in der Öffentlichkeit eher nicht bekennt, als Beamter schon gar nicht. Er war freundlich und es wirkte so, als sei es ihm eher unangenehm. Er ließ sich auch keine Papiere zeigen und verschwand schnell wieder. Nicht immer kann man mit solcher freundlichen Zurückhaltung seitens der Polizei rechnen. Man erzählt mir, dass manche Städte ihr Obdachlosenproblem durch Ausweisung lösen. Die Betroffenen werden zum Bahnhof gebracht und mit einer Fahrkarte in den Zug gesetzt. Besonders häufig komme das in Städten mit einer rechts orientierten Regierung vor. Sinti und Roma hätten dort kaum eine Chance. Für deutsche Obdachlose sähe es da nicht schlecht aus. Wenn man nicht extrem auffällig sei, würde man geduldet, und da es in solchen Städten weniger Obdachlose gäbe, sei der Tageserlös besser. Mir wird schlecht.

Schade um den Platz vor der Bäckerei. Sie ist klein und hat wohl einen sehr guten Ruf. Dadurch stehen immer Kunden an bis draußen auf die Straße. Ruben hat sie mir gezeigt. Es war lange „sein" Platz. Ein junges Paar gab mir einige Münzen und bedankte sich: „Merci pour votre musique!" Eine Mutter mit Kindern fragte, ob ich etwas zu Essen haben möchte und schenkte mir ein Stück warme Pizza. Menschen, die mit mir in Kontakt gehen, das tut gut.

Mit Mühe komme ich diesen Tag auf fünf Euro. Mehrfach bin ich inzwischen von Geschäftsbesitzern verjagt worden. Das Betteln erscheint mir doch viel schwerer als in Deutschland. Da hatte ich schneller ein paar Münzen zusammen. Mein Bein tut weiter weh. Ich bleibe auch die nächste Nacht in der Innenstadt.

29. April: Die letzte Nacht schlief ich mit auf Harrys Stammplatz. Es ist der überdachte Bereich einer Fußgängerpassage nah am Zentrum. Manch späte Fußgänger hasten vorbei. Wenn uns jemand zu nah kommt,

knurrt Rosi, die sich dicht an Harry geschmiegt hat. Ab halb sechs bin ich wach, da in der Nähe Straßenbahnen vorbei rumpeln. Um halb sieben stehe ich auf und gehe zu einer anderen Bäckerei und setze mich vor die Tür. Als erstes schenkt mir jemand ein Croissant. Nur langsam summieren sich die kleinen Münzen auf drei Euro. Inzwischen ist es halb neun. Eine junge Romafrau kommt und setzt sich an den anderen Pfosten der Tür. Ein Kind ist dabei, das schon laufen kann. Sie entblößt ihre Brust und legt den Jungen an. Geht es darum, das Kind zu nähren oder um ein anrührendes Bild, denn sie verharren eine Ewigkeit so. Ich ärgere mich. Andere hatten mir schon erzählt, dass die Roma die ungeschriebenen Gesetze der Straße nicht teilen. Dazu gehört es eigentlich, seinen Bettelplatz so zu wählen, dass man zu anderen Bettlern einen akzeptablen Abstand hält. Ich habe Schwierigkeiten, nicht zu werten und es einfach als andere Kultur stehen zu lassen. Irgendwie ist diese Konkurrenz ja auch eine existentielle Erfahrung. Ich will versuchen irgendwann mehr über diese Gruppe heraus zu bekommen. Im Moment räume ich das Feld. Sie rutscht auf meinen Platz. Der kleine trägt den Pappbecher. Als ich um halb eins noch mal vorbei komme, sitzt sie immer noch dort. Den Jungen hat sie in ein Tuch gehüllt.

Im Stadtteil Jacou am Stadtrand soll ein größeres Einkaufszentrum sein, wo man ganz gut betteln könne. Das hatte mir Ruben erzählt. Ich leiste mir einen Straßenbahnfahrschein und fahre bis an die Endhaltestelle. Ich laufe los, muss aber in die falsche Richtung gelaufen sein. Weit und breit ist nichts zu sehen. Ich laufe zurück und vom Zentrum Jacous in die entgegengesetzte Richtung. Dort werde ich fündig. Es gibt einen Netto-Markt und einen großen Intermarché. Heute ist es wieder da, das Schamgefühl zu betteln, ganz plötzlich.

106

Es kostet viel Überwindung mich dort hinzusetzen. Dummerweise gibt es zwei große Eingänge. Hier draußen sitzt wohl selten jemand. Nach und nach kommen ein paar Münzen in meiner Mütze zusammen, während ich Mundharmonika spiele. Gegen 19 Uhr sind es sechzehn Euro – im Gegensatz zu den letzten Tagen ein Riesenverdienst. Ich bin noch nicht mal die Hälfte der geplanten zwei Wochen hier und habe bereits die Rückfahrkarte zusammen! Eine Seite in mir hat wohl Angst, im Vertrauen zu bleiben, dass jeder Tag für das Seine sorgt. Andrerseits gibt mir diese minimale „Absicherung" aber auch eine Freiheit, da zu sein und nicht weiter vorsorgen zu müssen, einfach nur da zu sein für die Begegnungen auf der Straße.

Und so fahre ich ins Stadtzentrum zurück. Harry hat in den letzten Tagen Ärger mit der Polizei bekommen, die ihn immer wieder von seinem angestammten Platz vertreibt. Er sagt, dass eine noch recht junge Polizistin es im Moment auf ihn abgesehen hätte. Dégage! – Verschwinde! Im Sprachgemisch eines deutschen Obdachlosen wird daraus: „Ich habe wieder Dégage bekommen" oder „Ich bin heute degagiert worden." Ich erlebe, wie ihn eine Fahrradstreife anmacht, obwohl er sich ganz unauffällig verhält und sehe seinen angstvollen Blick.

Sophie, die Besitzerin des Lebensmittelladens, wird Rosi von Freitag an bis zur Geburt der Welpen nehmen und sie versorgen. Sie will einen Hund aus dem Wurf und will die anderen alle impfen und ordnungsgemäß mit einem Chip versehen lassen. Eine ganze Reihe von den Kollegen der Straße ist auch interessiert an einem Hund aus dem Wurf. Ich befürchte, dass Harry in seiner Gutmütigkeit jedes dieser Tiere vor seiner Geburt schon zweimal vergeben hat.

Am Abend hat er dann keinen Wein mehr kaufen können. Irgendwie gibt es alljährlich hier eine abendliche Aktion mit Alkoholverkaufsverbot, um auf die Probleme aufmerksam zu machen. Er hängt ziemlich durch. Die Abhängigkeit ist spürbar. Hermann habe ich überhaupt nicht mehr gesehen. Ob er in die Entgiftung gegangen ist, wie er wollte?

30. April: Im Moment kann ich mir vorstellen, dass es möglich ist, bewusst alles Absichernde loszulassen, aus der etablierten Welt auszusteigen und auf Dauer ganz im Hier und Jetzt auf der Straße zu leben. Eine andere Seite in mir weiß, dass das nicht meine Berufung ist – jedenfalls nicht jetzt. Und letztlich ist die Fürsorge für die, die auf der Straße leben, nur möglich, weil es die etablierte Welt gibt. Jede Spende für die Obdachlosenarbeit, alle staatlichen Hilfsangebote und auch die Nahrungsmittel sind nur möglich, weil es eine Wirklichkeit gibt, in der Menschen arbeiten, Geld verdienen, organisieren. Ich habe Möglichkeiten, Fähigkeiten und Erfahrungen, mich in dieser Wirklichkeit zu bewegen und auch zum Teil gestaltend Einfluss zu nehmen. Schon deshalb ist meine Verantwortung dort. In der Straßenwelt bin ich Besucher, vielleicht auch Grenzgänger, indem ich mich in beiden Welten bewegen kann. Als dieser könnte ich herausgefordert sein.
Mich beeindruckt das Engagement der Ehrenamtlichen. Gestern Abend wurde vom Resto du Cœur das Essen an der großen Hauptpost ausgeteilt. Dazu gesellte sich der Stand einer kleinen katholischen Initiative. Médecins du Monde ist mit einem Auto auch regelmäßig dort, um Behandlungen auf der Straße durchführen zu können. Es sind viele junge Leute, die mithelfen. Über die Essensausgabe hinaus ist Christiane geblieben, eine Katholikin. Ich glaube, sie ist Ordensschwester. Sie summt ein

108

Lied aus Taizé und ich und Ruben stimmen ein. Wir suchen Lieder, die wir gemeinsam kennen. Sie ist erfreut und schenkt uns am Ende ein Kreuz. Auch wenn ich das nicht brauche, nehme ich es mit Respekt an.

Von Rubens Liebe zu Taizé habe ich in den letzten Tagen erfahren. Wir saßen im Hof bei Saint Vincent an einem Tisch. Er meinte, dass ich, wenn ich besser Französisch lernen wolle, an einen Ort gehen müsse, wo ich mehr unter Franzosen sei. Ob ich mit Religion was anfangen könne. Dann schrieb er mir auf einen Fetzen Papier den Namen einer Kommunität auf, die ein Obdachlosenprojekt betreiben würde. Als nächstes schrieb er das Wort Taizé dazu. Ich frage: „Wann warst Du in Taizé?" Er: „Das erste oder das letzte Mal? – Ich bin jedes Jahr Ostern dort." Ich sage ihm, dass ich auch schon mehrfach dort war und frage, was er dort finden würde. „Wenn ich die Kirche betrete", sagt er, „dann ist das wie im Himmel."

Und so erzählt er mir aus seinem Leben, von seiner Alkohol- und Drogensucht. Irgendwo hier in Frankreich ist er durch eine offene Kirchentür gegangen und in eine Evangelisationsveranstaltung geraten. Er fühlte sich erkannt, getroffen und persönlich angesprochen, besuchte einen Alpha-Kurs und stieg aus den Drogen aus. Er ging nach Holland zurück, um eine Haftstrafe abzusitzen und sei nun auf der Suche nach dem Auftrag für sein Leben, von dem er wisse, dass dieser mit der Straße zu tun hat. So ist er nach Südfrankreich gekommen. Ruben hat Witz. Da sitzt er mit seiner Gitarre irgendwo in der Innenstadt und singt. Vor ihm steht die Bettelschale und ein handgeschriebenes Schild: pour d'alcool et drogues. Am nächsten Tag lese ich: pour changement de sexe.[33] Offenbar ist er stadtbekannt. Stolz zeigt er mir

---

[33] Für Alkohol und Drogen – für den Wechsel des Geschlechts

ein Exemplar der Lokalzeitung, die ihn als Original der Stadt abgelichtet und interviewt hat.

Immer wieder erschreckt mich, was für Gestalten mir auf der Straße begegnen. Da ist eine junge Frau in einem völlig zerlumpten Pullover mit ihrem Hund. Da ist Nicolas mit einer sagenhaft warmherzigen Ausstrahlung. Und es gibt junge Typen, die völlig kaputt aussehen. An der Hauptpost sind tiefe betonierte Fensternischen, dort sind gleich mehrere Schlafplätze. Und es gibt Hunde en gros. Die Franzosen hätten mehr Tierliebe als Menschenliebe sagt jemand. Da würde man besser unterstützt. So kann ich den Satz nicht unterschreiben, wenn ich die vielen Ehrenamtlichen sehe, die sich engagieren und dabei ganz zugewandt sind. Auf jeden Fall aber gibt ein Hund Sicherheit, Nähe, Wärme, Dankbarkeit und Anerkennung und er fordert die Verantwortung und Fürsorge des Besitzers oder der Besitzerin heraus.

Ein holländisches Ehepaar fällt mir immer wieder an den Ausgabestellen auf. Sie sind mit zwei gleichen Rucksäcken unterwegs und sind immer etwas zurückgezogen von den anderen. Ich bin gespannt, ob ich mit denen mal ins Gespräch komme.

Ruben nimmt mich mit zu seinem Schlafplatz. Er wohnt auf einem Kreisverkehr. Das ist unglaublich. Es ist ein sehr großer Kreisel ein Stück vom Stadtzentrum entfernt, aber noch gut zu Fuß zu erreichen. Kreisverkehre in Frankreich sind manchmal in besonderer Weise künstlerisch gestaltet. Auf einem kleinen Hügel, der mit Oleander und anderen Büschen bepflanzt ist, hat man oben ein altes Zollhaus aufgebaut. Das ist zwar geschlossen, hat aber einen überdachen Vorbau. Hier hat Ruben einige Palletten liegen, damit bei Schlagregen seine Matratze nicht nass wird. Dort liegen Bücher, ein paar Lebensmittel und andere persönliche Sachen. Ich frage ihn, ob die Leute, die sich um das Stadtgrün

110

kümmern, das nicht wegräumen. „Nein, wenn ich hier Ordnung halte, tasten sie das nicht an. Wenn ich das vermüllen würde, dann wäre sicher alles weg." In dieser Nacht bin ich bei ihm zu Gast. Er zeigt mir in der Nähe eine Bäckerei, die die besten Sandwiches von Montpellier mache. Nach Geschäftsschluss am späten Abend oder ganz früh am Morgen wird die nicht verkaufte Ware inklusive der Schutzverpackung in Müllsäcken in die Container neben dem Haus entsorgt. Man müsse nur leicht gegen die Säcke klopfen, dann merke man schon, ob das die Sandwichsäcke seien oder der übrige Müll. Besonders am Wochenende sei das attraktiv, da das Verpflegungsangebot durch die karitativen Organisationen dann reduziert sei.

Manchmal scheint es mir, dass die unterschiedlichen „Gruppierungen" immer jemanden brauchen, auf den sie herabschauen können. So machen die einen Bemerkungen über die Zigeuner, andere reden über die Alkoholiker und Harry meint, dass man nicht so tief sinken dürfe, wie die, die die Mülltonnen durchsuchen.

Ich schaue bei Hermanns Balkon vorbei und treffe ihn „zu Hause" an. Er hat Miesmuscheln da, die er roh isst. Einerseits hat er Sehnsucht nach Beziehung, andrerseits reagiert er sehr unfreundlich und ich spüre seine Eifersucht, da ich auch mit anderen im Kontakt bin. Heute ist mit ihm nicht gut Kirschen essen. Oder müsste ich sagen, nicht gut Muscheln essen? Ich ziehe weiter.

Die Ordensgemeinschaft der kleinen Schwestern Jesu hat einen Raum, der zu bestimmten Zeiten für Obdachlose geöffnet ist. Es gibt Kaffee, Tee und Kekse. Ich erfahre, dass Christiane, die Schwester, die ich beim Essenausteilen kennen gelernt habe, schon 71 Jahre alt ist. Das hätte ich nicht gedacht. Katrin, die junge Frau aus Hoyerswerda, ist da mit ihrem Freund. Ich freue mich sie zu sehen und spreche sie an. Sie schaut an mir

111

vorbei und sagt nichts. Der Freund sagt ein paar Sätze auf Französisch in den Raum. Ich versteh nichts und bekomme noch nicht einmal mit, dass sie an mich gerichtet sind. Ich sage noch etwas zu ihr. Da herrscht sie mich an: „Tu nicht so, du hast sehr wohl verstanden!" Ihr Freund wird laut, redet weiter Französisch. Ruben übersetzt mir. Es gipfelt darin, dass er mich als Nazi beschimpft. Offenbar behandelt er seine Freundin wie einen Besitz und war wohl schon neulich Abend sauer, dass wir uns unterhalten haben. Sie ordnet sich ihm total unter. Ich bin erschrocken. Ruben schaltet sich ein, es eskaliert und wir werden alle freundlich aber bestimmt an die Luft gesetzt. Ich habe keine Ahnung, ob das gefährlich ist, spüre nur die Aggression in der Luft und dass es da Menschen gibt, die ziemlich anders ticken, unter Umständen auch psychisch an der Kante sind. Was, wenn so jemand ein Messer zieht? Ruben versucht, mit der Schwester zu vermitteln, denn wir haben den Streit nicht angefangen. Aber sie ist da entschieden. Wir müssen draußen bleiben. Auf diese Weise werden Konflikte zwar nicht gelöst, aber etwas eingedämmt. Die Gäste benehmen sich, weil sie es nicht riskieren wollen, den Raum zu verlieren. Ähnlich ist es bei Saint Vincent. Wenn es da eine Schlägerei gibt, kann es sein, dass die Einrichtung für ein paar Tage geschlossen wird, eine kollektive Aussperrung sozusagen. Auf diese Weise will man erreichen, dass die Betroffenen untereinander für Ruhe sorgen. Angestoßen durch den Nazivorwurf erzählt Ruben, dass er eigentlich Jude sei – und sich nun als messianischer Jude verstehe. Aber für ihn sei es kein Problem mit einem Deutschen in gutem Kontakt zu sein. Mit der Geschichte hätte ich ja nichts zu tun und Neonazi sei ich ja nun nicht gerade.

Als ich mit Ruben durch die Stadt laufe, fragt er: „Hast du eigentlich etwas studiert?" Mir ist klar, dass ich hier

112

nicht drum herum reden kann, so viel, wie er mir aus seiner Geschichte erzählt hat. „Ich habe Theologie studiert, bin evangelischer Pfarrer". Und dann erzähle ich ihm, warum ich zurzeit auf der Straße bin. Er sieht das weder als falsches Spiel noch als Täuschung, findet es ganz normal und in Ordnung und sieht es mit Respekt. So verschieden seien eben die Motive, weshalb Menschen auf der Straße leben.

Im Stadtzentrum steht eine Kirche, die zu einem Dominikanerkonvent gehört. Ruben hat mich dorthin mitgenommen. Dreimal am Tag ist eine Messe. Die Kirche ist hell und schlicht und sparsam mit modernen ansprechenden Kunstwerken geschmückt. Ruben ist oft hier. Die Brüder singen wunderbar gregorianisch. Die Obdachlosen dürfen ihre Hunde mitbringen. Und Rubens großer Rottweiler liegt ganz artig unter der Bank.

Unter den Besuchern der Messe bzw. Tagesgebetszeit sind auch Schwestern in Tracht. Sie begrüßen eine zerlumpte Bettlerin mit Bise, dem Kuss auf beide Wangen, mit dem man Freunde und Bekannte hier in Frankreich begrüßt.

Harrys Stammplatz ist nicht weit von dieser Kirche. Als ich neben ihm sitze, kommt ein junger Mann von Médecins du Monde vorbei und fragt nach seinem Bein. Dann gibt er ihm knapp fünf Euro in die Schale. Ich weiß inzwischen, was für eine große Gabe das hier ist. Aber es gibt da ja auch eine Beziehung zwischen ihnen. Harry träumt davon, was er sich alles ersparen will, zum Beispiel, dass er mal wieder zu seinen Angehörigen nach Deutschland reisen würde. Irgendwo gibt es da noch seinen Vater oder seine Mutter und Geschwister. Es ist tragisch, dass er dann letztlich alles versäuft.

Bis halb elf abends verbringe ich die Zeit mit Hermann auf seinem Balkon. Er ist in einer elenden Stimmung und sagt, dass er nicht mehr könne und wolle. Einen

113

vorbeigehenden Mann schnorrt er um Zigaretten an. Der geht weiter, dreht plötzlich um und gibt ihm zwei Restaurant-Schecks à 8,50 Euro. Ich bin sprachlos.

Hermann drängelt, ich solle doch bei ihm übernachten. Doch ich möchte für mich sein. Mich stößt nicht so sehr die Angst vor Ungeziefer ab, eher das Tratschen über die anderen, und ich sage ihm, dass ich mir über jeden mein eigenes Urteil machen wolle.

Seine Geschichte: fünfzehn Jahre Knast in Deutschland, zwanzig Jahre Fremdenlegion. Er erzählt, wo in der Welt sie überall eingesetzt gewesen seien und dass er viele Menschen „kaputt gemacht" habe. Das Alter seiner Eltern, von denen er mir erzählt, kann aber rechnerisch nicht stimmen. Er will mich unbedingt zum Essen einladen. Er hätte hier in den Restaurants überall die Möglichkeit, kostenlos ein Menü zu bekommen. Ich gehe mit. Die Kellnerin, die ihn offenbar kennt, gibt uns tatsächlich Plätze. Wir bekommen einen kleinen Salat und dann das Tagesgericht, zu dem ein Stück gebratenes Fleisch gehört. Hermann entsorgt die Knochen unter den Tisch zu seinem Hund hin. Als er noch ein Dessert für uns bestellen will, sagt die Kellnerin, dass es genug sei und wir bitte gehen mögen. So weit reicht mein Französisch, dass ich das verstehe. Hermann jedoch übersetzt mir ganz eifrig, dass es heute leider nicht gehe, weil der Koch so viel zu tun habe.

Auf seinem Balkon liegt er dann beschwipst auf seinen Strohmatten und raucht. Hoffentlich fackelt er das hier nicht mal ab.

Mit mir selbst ist etwas Eigenartiges geschehen. Eigentlich bin ich am Tiefpunkt meines Besuches in der Welt der Obdachlosigkeit. Ich habe kein Dach mehr über dem Kopf, teile entweder das Lager mit anderen, die unter der Brücke leben oder habe meinen Regenwasserkanal als Schlafplatz. Aber es gibt keinen Hauch mehr

114

und ihnen bekannte Menschen auf der Straße an ihren Stammplätzen aufsuchen, um heißen Tee und Kaffee zu bringen. Doch Harry kommt nicht. Sechs Brüder und drei Schwestern singen ergreifend. Ein recht junger Mann intoniert. Ob das dieser Emmanuel ist? Bei der Eucharistie werden Brot und Kelch gereicht.

Beim Verlassen der Kirche sehe ich wieder das Paar mit den gleichen Rucksäcken. Sie drehen sich kurz um, gehen weiter. Es gibt keinen Kontakt.

Nachher finde ich Harry. Er ist total betrunken. Offenbar tut es ihm überhaupt nicht gut, dass er die Verantwortung für den Hund abgegeben hat bzw. abgeben musste. Vielleicht fehlt ihm dadurch auch der letzte Rest von Geborgenheit und er ertränkt das in sich.

Abends gehe ich bei Hermann vorbei, der mir angekündigt hatte, dass er mit mir wieder essen gehen wolle. Stattdessen fragt er mich nach Brot. Das habe ich aber schon an die anderen auf dieser Rundbühne im Stadtzentrum weiter gegeben. Mir knurrt der Magen. Aber irgendwie ist das auch okay, mal einen Abend ohne Essen zu sein und den Magen zu spüren. Es ist ja überraschenderweise die Ausnahme auf diesem Weg.

Geben und nehmen. Sind die meisten Obdachlosen hier welche, die nur noch nehmen, nur noch die Hand hinhalten? Die meisten haben wohl keine Chance, zurückzufinden in ein Leben mit Arbeit und einem selbst verdienten Einkommen. Dieses Leben steht im völligen Kontrast zu meinem verinnerlichten Leistungsdenken. Aber wer weiß, was ihnen zuvor an Wesentlichem vorenthalten worden ist, was dazu geführt hat, dass sie so aus der Bahn geraten sind? Immer wieder beeindruckt mich die respektvolle Haltung der Helfenden.

Am schwierigsten finde ich, wie viele junge Leute schon so rumhängen. Mal wieder ist das Rondell im Park

Treffpunkt. Ein junges obdachloses Pärchen ist ungeniert recht intim. Was wird ihnen diese Nacht wohl noch bringen? Die allgegenwärtigen Überwachungskameras nimmt man kaum noch wahr.

Wo werde ich diese Nacht schlafen? Morgen ist Sonntag, da stören zumindest keine Straßenbahnen in der Fußgängerunterführung. Ich habe keine Lust, bis zu meinem Regenwasserkanal zu laufen. Es ist grau in grau und hat sich eingeregnet. Auch auf dem Rondell treibt der Regen rein. Zu Hermann will ich heute nicht. Ich habe mir eine der großen Brücken im kanalisierten Bereich der Lez näher angeschaut. Aber da ist immer nur ein schmaler waagerechter Absatz unter der Fahrbahn und dann kommt eine lange Schräge bis an das Wasser. Man kann da bestimmt liegen. Doch was ist, wenn ich mich im Schlaf drehe und über die Kante weg rutsche? Ich will nichts riskieren und bleibe dann doch in dem überdachten Bereich der Fußgängerzone. Da liegt schon einer auf Harrys Platz und knurrt mich nicht unbedingt freundlich an, als ich mit etwas Abstand meine Isomatte und den Schlafsack ausrolle. Frühstück gibt es wieder beim Croix-Rouge. Dort treffe ich erneut auf Françoise, die ich unter den Gästen des Resto du Cœur kennengelernt habe. Sie forscht mit Begeisterung an der Stadtgeschichte und macht mich darauf aufmerksam, dass an diesem Sonntag alle Museen gratis zu besuchen sind. Ich gehe in den Gottesdienst der reformierten Gemeinde. Die Atmosphäre ist freundlich. Eine Amerikanerin ist unter den Besuchern, auch sie ist obdachlos und neu in der Stadt. So bin ich heute der, der sie einführt, wie vor einer knappen Woche Ruben mir die Stadt gezeigt hat. Ich zeige ihr, wo man welche Unterstützung bekommen kann und nehme sie dann mit zum Croix-Rouge. Sie spricht eine drastische Sprache. Ihr häufigstes Wort ist „fuck". Vor den Duschen

118

warten einige Farbige. Daraufhin will sie plötzlich nicht mehr duschen, weil diese Neger sie alle nur ficken wollen. Ihre Äußerungen werden rassistisch. Ich gehe darüber hinweg und zeige ihr weiter die Stadt, erlebe sie dabei mit einer ziemlichen Anspruchshaltung.

Am Sonntag gibt es weniger Bettler in der Stadt. Harry erklärt mir, dass er den Sonntag respektiere, da gehe er nicht arbeiten. Betteln ist Broterwerb, also für viele so eine Art Job. Der Gedanke ist faszinierend. Klar, wenn er da sitzt und sich um seinen Lebensunterhalt sorgt, kann er nicht anderen Dingen nachgehen, die ihn interessieren. Und dafür hat er dann sonntags echt frei.

Im Park im Stadtzentrum vor dem botanischen Garten ist das holländische Paar. Ein Deutscher ist da, den ich noch nicht kenne – Sven mit zwei Hunden. Wir kommen ins Gespräch. Er hat eine bewegende Geschichte. Sven ist im Heim groß geworden. Er wurde gewalttätig, hat Drogen genommen und das durch Diebstähle finanziert. Den Schwierigkeiten in Deutschland hat er sich entzogen, indem er nach Frankreich ging. Hier hat er zeitweilig in der Landwirtschaft gearbeitet und dann auch Sozialhilfe erhalten. Die hat er dann wohl verloren, weil ihm ein Sprachkurs fehlte. Ohne Sprachkenntnisse sei er nicht integrierbar und in Arbeit vermittelbar. Von irgendeinem Arzt bekommt er ein Medikament als Drogenaustauscher. Mir fällt auf, dass er sich in der Verantwortung für sein Leben sieht und nicht alles auf die schwierigen Kindheitserfahrungen schiebt. Er ist warmherzig und geht wunderbar mit seinen Hunden um. Es ist zu spüren, wie er diese Tiere liebt. „Die Hunde sind meine Therapeuten", sagt er. Seitdem er sie hat, habe er nicht mehr gestohlen. Der Gedanke, dass er geschnappt würde und ins Gefängnis müsse und sich dann nicht mehr um die Hunde kümmern könne, ist ihm unerträglich. Es ist erstaunlich, was das mit einem

119

Menschen machen kann, wenn seine Fürsorge gefragt ist. Er erzählt von Freunden und Beziehungen, die er auf der Straße gehabt habe. Jetzt mit dreißig Jahren könne er sich auch eine dauerhafte Paarbeziehung vorstellen und würde gern auch die Verantwortung für ein Kind übernehmen.

Er wohnt irgendwo außerhalb am Stadtrand in einem Zelt auf einer Waldlichtung. Er hat ein Fahrrad mit Anhänger, darin kann er seine Habe unterbringen und wenn es nötig ist, auch die Hunde über größere Strecken transportieren. Er warnt mich davor, in der Innenstadt zu schlafen. In Toulouse ist er, als er an der Garonne schlief, nachts überfallen worden. Er vermutet, sie wollten seinen Hund und den Rucksack. Er sprang auf und war gleich klatschnass, merkte wie das Blut aus zwei Stichwunden im Bauch lief, die er im ersten Moment gar nicht gespürt habe. Dann schrie er um sein Leben und brach zusammen. Anwohner riefen die SAMU. Die Sanitäter hätten ihm das Leben gerettet und ihn ins Krankenhaus gebracht. Trotz solcher Geschichten bin ich ohne wirkliche Angst. Bin ich zu naiv? Ich gehe wieder zu meinem Regenwasserkanal. Ob er sich gefüllt hat durch den Regen gestern? Aber es ist alles trocken. Da ist kein Wasser durchgegangen.

3. Mai: Ich träume intensiv quer durch verschiedene Zeiten meines Lebens. *Unter anderem stehe ich vor einem Haus mit einer Tür, von der ich ganz genau weiß, dass der Mauerdurchbruch dahinter noch gar nicht gemacht ist. Aber jemand öffnet die Tür und wir können doch eintreten.* Im Wachwerden habe ich total zu tun, mich zu orientieren, wo ich bin und komme erst langsam in die Realität. Ich hatte der Amerikanerin versprochen, ihr Saint Vincent zu zeigen. Wir hatten uns im Zentrum an der Stadtinfo verabredet. Sie ist nicht da. Ich warte. Irgendwann wird

120

es mir zu dumm. Ich will los. Da kommt sie. Sie ist einfach nur anstrengend. Bei Saint Vincent meldet sie sich zum Duschen an und ist auch bald dran. Als eine Holländerin, die ganz kurzhaarig ist, den Frauenduschbereich betritt, geht ein riesiges Geschrei los. Sie hat diese für einen Mann gehalten. Wer weiß, was für eine traumatische Erfahrung sie in sich trägt.

Zum Mittagessen gibt es Chili con Carne und Salat mit Sardinen. Stunden später sitzt mir davon noch eine kleine Schuppe im Rachen und ich bekomme den Hals lange nicht frei.

Mein Rucksack beginnt sich aufzulösen; ich muss ihn dringend flicken.

Wieder treffe ich auf Sven. Er erzählt von einer Freundin, die er hier gehabt habe. Eine Weile seien sie zusammen rum gezogen. Sex hätte für sie eine große Rolle gespielt und das sei nicht unangenehm gewesen. Unheimlich wurde ihm, als deutlich wurde, wie viel ungezählte Partner sie schon gehabt hätte. Sie sei immer mal im Gespräch mit irgendwelchen Stimmen gewesen, die nur sie gehört hätte. Offenbar war sie schizophren. Als sie sich mit einer dieser Stimmen beraten habe, was wohl passiere, wenn sie Sven jetzt mit dem Messer stechen würde, war es aus und er habe sie rausgesetzt und künftig einen weiten Bogen um sie gemacht.

Von einem Freund erzählt er, der ertrunken ist. Der hatte sein Zelt in einem kleinen Tal, einer Senke. Nachts gab es Starkregen, der alles geflutet hat. Das Wasser hat ihn im Schlaf überrascht, man hat ihn tot aus dem Zelt gezogen.

Harry habe ich heute einen Teil meines Tageserlöses abgegeben, damit er Fahrkarten kaufen kann. Nicht immer geht mir das Teilen leicht von der Hand, dabei habe ich heute fast zehn Euro verdient. Immer wieder muss ich bewusst den Schritt in das Vertrauen gehen,

121

dass ich alles bekomme, was ich brauche. Das Abendessen gibt es auf der Straße vom Resto du Cœur. Da ist wieder das Pärchen mit den gleichen Rucksäcken, das sich sehr zurückhält. Ruben sagt, sie seien auch Holländer und würden schon „immer" auf der Straße leben. Sie gehen nicht betteln, das sei irgendwie unter ihrer Würde. Aber sie durchforsten die Mülltonnen. Er spendiert für mich und die beiden eine Flasche Wein. Wir kommen ein wenig ins Gespräch. Ruben muss noch zu einem Restaurant. Dort kann er am Hinterausgang der Küche abends immer Knochen und Fleischreste bekommen. So kann er seinen Hund gut ernähren.

Es ist erst halb zehn, aber zunehmend nass-kalt. Ich habe keine Lust, irgendwo zu bleiben und irre umher. Harry ist nicht an seinem Schlafplatz. An Hermanns Balkon vorbeikommend sehe ich, dass er schon abgetaucht ist. Nicht schlimm, ich will ohnehin weiter zu meinem Regenwasserkanal.

Mitten in der Nacht werde ich wach. Es stürmt und schüttet und es ist eiskalt. In dieser Nacht fallen in Carcassonne mehr als zwanzig Zentimeter Schnee, ein Jahrhundertereignis hier im Süden. Aber das weiß ich in diesem Moment noch nicht. Ich befreie mich aus meinem Schlafsack und krieche durch den Kanal in Richtung Sammelbecken. Dort steht Wasser, die Überlaufhöhe ist aber noch nicht erreicht. Aber der Lehmboden des Kanals ist schon feucht. Ich denke an die Geschichte, die Sven erzählt hat. Mir ist unheimlich. Ich will nicht raus in dieses Wetter, aber hier zu bleiben, könnte auch gefährlich werden. Ich falle in einen leichten unruhigen Schlaf und krieche nach einer halben Stunde wieder durch den Tunnel. Das Wetter ist unverändert und das Wasser im Becken steigt. Gegen halb fünf werde ich wieder wach, jetzt ist das Wasser da. Es breitet sich in Richtung meines Schlafplatzes aus. Ich muss weg, packe hastig meine Sachen. Das hätte schief gehen können. Am Tag zuvor hatte ich einen durchsichtigen Plastiksack aufgesammelt und mit Löchern für Kopf und Arme versehen. Der kann mich jetzt ein wenig schützen. Freundlicherweise lässt der Regen für eine kurze Zeit etwas nach. Ich erreiche die Innenstadt. Auch durch die überdachte Fußgängerzone pfeift der Wind. Es ist absolut ungemütlich. Ich hocke mich in eine Ecke und warte, dass die Zeit vergeht. Es ist wieder so ein blödes Gefühl, weil mir bewusst ist, dass ich mir gerade wünsche, dass hier ein Stück meiner Lebenszeit vergehen soll. Ich finde noch nicht einmal in eine innere Haltung der Meditation, kann nicht im Hier und Jetzt sein. Ich kann gerade mit meiner Zeit nichts anfangen, will einfach nur nicht in dieser Situation sein in dieser nassen und kalten Nacht. Frierend warte ich bis am Morgen der Anlaufpunkt von Saint Vincent de Paul aufmacht. Dort finde ich später Schutz, die Möglichkeit zu duschen und mich aufzuwärmen. Harry ist auch da, wir lösen miteinander Rätsel. Mit der Zeit lerne ich immer mehr Menschen kennen und werde erkannt. Ein freundlicher französischer Kollege spricht mich jedes Mal auf Englisch an, wenn er mich trifft. Nur hapert es bei mir, seitdem ich Französisch lerne, heftig mit dem Englischen, als wenn da etwas abgeschaltet wäre in meinem Gehirn.

Zum Mittag gibt es Salat und für jeden zwei Wachteln! Das ist fürstlich. Fleisch gehört so sehr zur alltäglichen Ernährung in Frankreich, dass auch die Versorgung von Obdachlosen ziemlich fleischlastig ist. Manchmal ist das Essen gewöhnungsbedürftig. Das kann schon mal sein, dass es Blattsalat mit einem Dressing und gekochten Schweinepfoten dazwischen gibt – als Vorspeise. Da beginnen auch manche Franzosen, auszusortieren. Die Hunde freuen sich darüber. Muslime bekommen ganz

123

selbstverständlich anderes Essen, wenn es Schweine-
fleisch gibt.
Plötzlich gibt es eine gewaltsame Auseinandersetzung.
Eine Frau schreit und blutet. Doch so richtig ist nicht
ersichtlich, was da gerade passiert ist.
Da das Wetter sich ein wenig bessert, kann ich wieder
losziehen. Diese nasse Kälte ist das unangenehmste, was
einem auf der Straße passieren kann. Sie kriecht durch
Mark und Bein. In der Kirche der Dominikaner hat man
zwar Regenschutz. Aber wärmer werde ich davon auch
nicht. Das Mundharmonikaspiel bringt wieder ein paar
Euro ein.
Ruben ist total geknickt. Jemand hat ihm die Gitarre
gestohlen. Es war ein gutes Instrument, ungefähr im
Wert von tausend Euro, und es ist doch seine Lebens-
grundlage. Er hat in der Stadt geschlafen. Der Hund hat
den Täter gekannt, denn er hat nicht reagiert. So hat
Ruben einen konkreten Verdacht, kann es aber nicht
beweisen.
Bei Saint Vincent gibt es die Möglichkeit, ins Internet zu
gehen. Viele Obdachlose nutzen das, so dass man in der
Regel warten muss. Auch das Croix-Rouge unterhält
eigens dafür einen Anlaufpunkt. Ich schaue weiter alle
drei Tage in mein Reise-Mail-Postfach. Die Sehnsucht
nach Kontakt zu meinen Angehörigen bleibt meine
Begleiterin.
Im Park treffe ich auf Harry. Er ist total betrunken.
Auch das holländische Paar ist da. Beide sind angetrun-
ken und redselig. Das kenne ich von ihnen gar nicht. Sie
sind sonst ganz still und zurückhaltend. Sie erzählen
nach und nach, wie gefährlich es auf der Straße sein
kann, besonders im Sommer, wenn abends viele junge
Leute lange auf der Straße rumlungern. Dann ziehen sie
in der Regel in eine andere Stadt. Einmal ist er abends
von einer Gruppe junger Leute angegriffen worden, weil

124

sie die halbe Flasche Wein wollten, die er in der Hand hatte. Er hätte sie ihnen auch so gegeben. Aber sie haben ihm dabei Rippen gebrochen, einen Zahn ausgeschlagen und die Brille zerbrochen. Er beschreibt, wie gut man aus den Mülltonnen der Restaurants leben kann. Oft bitten sie auch spät abends um Reste. Das läuft ganz gut. Zum Schlafen haben sie irgendwo ein kleines Zelt stehen.

In meinen gefluteten Regenwassertunnel kann ich nicht zurück. Ruben bietet mir für die nächsten Nächte Asyl auf seinem Kreisverkehr an. Das Paar möchte mitkommen. Ruben gibt ihnen etwas Geld, dass sie sich noch was zu trinken kaufen können und hängt sie ab. Er will sie nicht mitnehmen.

Ruben erzählt mir auf dem Weg mehr von seinen Erfahrungen in der Drogensucht. Das Gehalt von 7.200 Euro wäre immer schnell verbraucht gewesen. Dann habe er gewartet, bis wieder Zahltag war, sehnsüchtig mehrmals am Tag auf das Konto geschaut, bis der Lohneingang verzeichnet war, um dann sofort den Dealer anzurufen. Er geht davon aus, dass seine Gitarre der Sucht des Diebes zum Opfer gefallen ist. Da kenne man keine Freundschaft mehr und verliere alle moralischen Skrupel. Es gäbe nur noch die innere Fixierung auf den nächsten Schuss.

Im Park waren heute fast alle irgendwie besoffen. Es habe Sozialhilfe gegeben, sagt Ruben und macht mich aufmerksam, wie nach den Auszahlungstagen die Reihen bei Saint Vincent & Co sich lichten. Alle, die ein Suchtproblem haben, sind in den nächsten Tagen damit beschäftigt, ihr Geld zu verbraten. Die Amerikanerin ist wieder da. Auch sie hat offensichtlich ein Alkoholproblem.

Es regnet immer wieder. Das macht mir zu schaffen. Vor einer kleinen Bäckerei kann ich eine Stunde Mund-

125

harmonika spielen und verdiene fast zehn Euro. Das ist für meine Verhältnisse ein satter Verdienst.

Als ich das Handy einschalte, kommt eine SMS von G. rein. Da sie seit Tagen ohne Nachricht von mir ist, macht sie sich nach dem Wettereinbruch Sorgen und schreibt, dass sie am nächsten Tag die Polizei verständigen wolle, wenn sie nichts von mir hören würde.

Ich versuche anzurufen. Es kommt keine Verbindung zustande, weil hier gerade eine schlechte Netzqualität ist. So schicke ich eine Nachricht. Die geht raus.

6. Mai: In der letzten Nacht habe ich noch einmal sehr gefroren, obwohl ich alles Verfügbare angezogen hatte. Im Park lerne ich Siegfried kennen, einen großen Deutschen. Er ist 63 Jahre alt, sieht gut aus und erzählt von seinen Freundinnen und seiner Tochter, die er zwei Jahre nicht gesehen hat. Er trinkt Schaumwein. Als ich vom Resto komme, ist Eric da, der zu meinem inzwischen größer gewordenen Bekanntenkreis gehört. Er ist total besoffen und möchte mich einladen, wohin auch immer. Ich folge ihm nicht.

Am Nachmittag kommt die Sonne durch, wie wohltuend das ist. Ich gehe einfach für mich noch einmal verschiedene Wege durch die Stadt, auf denen ich die letzten zwei Wochen unterwegs war – Abschied. Ich habe noch die Adresse des Schmuckhändlers vom Markt am Ankunftstag. Vielleicht kann ich G. etwas Schönes mitnehmen. Ich finde mich durch und stehe vor einem Büro des Croix-Rouge. Das heißt, auch dieser Mann ist ohne festen Wohnsitz. Karitative Organisationen kann man dann als Postadresse nutzen.

Harry ist im Park, leider schon wieder total zu. Und ich mache noch eine neue Bekanntschaft – Douglas, wieder ein Deutscher, der hier im Süden hängen geblieben ist. Er spricht ein eigenartiges Sprachengemisch, und er-

126

zählt, dass er Fotograf gewesen sei für GEO und den Spiegel. Nun hat er Diabetes und ein Alkoholproblem. Das Interesse an den Frauen habe er verloren, weil er sich nicht in die Abhängigkeit begeben will. „Die Frauen wollen nur unser Geld und wir wollen die Frauen." Er lebt außerhalb der Stadt in einem Appartement mit „Champignons[34] in der Dusche". Mit einer Französin habe er zwei Kinder im Alter von neun und zwölf Jahren. Der Zwölfjährige spräche vier Sprachen, der neunjährige drei. Er selbst schreibe Texte. Doch davon könne er nicht leben. Jedoch gibt es im Frühjahr gute Arbeit in den Yachthäfen am Mittelmeer. Da seien Boote abzuschleifen. Das geht dann zehn Stunden pro Tag à zwölf Euro auf die Hand, dazu Unterkunft und Verpflegung – Schwarzarbeit für Reiche aus dem Ausland. Was für ihn ein Vermögen zu sein scheint, ist für die Bootsbesitzer eine super Gelegenheit. Jeder Handwerker kostet wesentlich mehr. Über Nacht will Douglas hier nicht bleiben, weil ihm da schon so viel gestohlen worden sei.

Hermann suche ich auf, um mich zu verabschieden. Heute ist er sich sicher, Krebs zu haben, will sich aber nicht operieren lassen. Er müsse aber wegen seiner Haut in die Klinik. Im Moment hat er offensichtlich viel zu essen da, will aber unbedingt mit mir essen gehen. „Ich bekomme überall Kredit. Alle lieben mich. Ich weiß auch nicht warum." Ich sage ihm Lebewohl. Den Regenwassertunnel suche ich noch einmal auf. Er führt kein Wasser mehr. Aber der Boden ist aufgeweicht. Überraschenderweise finde ich dort mein Taschenmesser wieder. Es war dem eiligen Aufbruch zum Opfer gefallen.

---

[34] Sammelbegriff für Pilze und meint in diesem Fall Schimmel.

127

So werde ich noch eine Nacht Rubens Gastfreundschaft in Anspruch nehmen. Ich treffe ihn beim Abendessen beim Resto. Wie jeden Donnerstag ist es nicht am Platz unter dem berühmten Aquädukt, sondern an der Hauptpost. Ruben kommt kurz vor dem Ausgabeschluss um neun. Wir verabreden uns. Er will jedoch noch Futter für den Hund, Brot und Zigaretten holen. Ich gehe schon vor. Irgendwann kommt Ruben mit Bambino und Christopher, der auch eine Weile bei ihm gewohnt hat. Bambino kriecht zu mir unter den Schlafsack. Die Wärme ist angenehm in dieser wieder kalten Nacht. Ruben kommentiert: „Immerzu will er mit jemand anders schlafen, wie wir auch."

7. Mai: letztes Frühstück bei Saint Vincent de Paul und noch einmal duschen. Ich habe Geld übrig. Das gebe ich Ruben als kleinen Zuschuss für eine neue Gitarre: „Du bist krank" quittiert er das. Ich glaube, er hat überhaupt nicht begriffen, dass ich nach Hause fahre. Er macht mich aufmerksam, dass man in Toulouse gut betteln könne und er versteht überhaupt nicht, dass ich den Zug nehmen will und nicht trampe.
Ich gehe durch den Park. Unbedingt will ich mich von Harry verabschieden. Ich finde ihn mit Eric auf einer Bank. Harry liegt da, ist volltrunken, so dass man ihn nicht wecken kann. Mir laufen die Tränen über das Gesicht.
Der Zug bringt mich nach Hause. Die *Montagne Noire* [35] ist weiß vom Schnee.
G. schickt mir auf die Mitteilung meiner Ankunftszeit hin eine Nachricht, dass sie im Pfarrkonvent sei und noch nicht wisse, ob sie pünktlich sein könne. Ich schreibe zurück: „Wenn du es nicht pünktlich schaffst,

---

[35] Das Schwarze Gebirge – südlichster Ausläufer des Zentralmassivs

128

ist nicht so schlimm, dann nutze ich die Zeit zum Betteln. Lieben Gruß Dein Matthias"

Ich ahne nicht, dass sie das ernst nimmt und dass sie das in Panik versetzt, ich könnte total durchgeknallt sein. Mit heißen Reifen kommt sie kurz nach der Ankunft des Zuges an und ist sauer über meine Freude. So fällt die Begrüßung erst einmal recht einsilbig aus.

Ich brauche viel Zeit zum Ankommen. Am Samstagabend fahren wir in eine Theateraufführung an der Uni. Die Germanisten inszenieren jedes Jahr ein deutschsprachiges Stück, das dann mit französischen Übertiteln aufgeführt wird. Es ist in diesem Jahr „Genannt Gospodin" von Philipp Löhle. Gospodin versucht, aus der Welt des Geldes und materiellen Besitzes auszubrechen. Das bringt seine Freundschaften und Beziehungen durcheinander und isoliert ihn. Ausgerechnet er kommt an eine mysteriöse Tasche voller Geld. Auf einmal sind alle wieder da, die sich von ihm abgewandt hatten. Als Gospodin am Ende im Gefängnis landet, erlebt er dort eine bis dahin nicht gekannte Freiheit seines Daseins. Das Stück holt mich noch einmal ein mit existentiellen Fragen der letzten Wochen. Ich bin geschafft und verwirrt.

Es braucht eine ganze Zeit, wieder wirklich hier zu sein in der Welt, aus der ich vor Wochen aufgebrochen bin. Ich komme nicht total umgekrempelt zurück; doch in mir hat sich etwas verändert, das mich weiter begleiten wird.

Teil II

Zwischenbilanz

Beim Versuch eines Fazits ist mir bewusst, dass meine zwei Monate auf der Straße sehr subjektive Erfahrungen widerspiegeln. Die Aufzeichnungen haben nicht den Anspruch, das Phänomen Obdachlosigkeit vollständig zu erfassen oder gar Ergebnisse zu formulieren, die den Kriterien einer wissenschaftlichen Studie gerecht werden. Es war ein tiefer Besuch in der Welt der Obdachlosigkeit. Es sind „Bilder", die ich von diesem Weg mitbringe. Ich möchte Menschen einladen, sich diesem Thema zu öffnen, Not in der Umgebung wahrzunehmen und den Stimmen des eigenen Herzens zu folgen.

Eine meiner ersten Erfahrungen war, dass viele wohnungslose Menschen als solche nicht zu erkennen sind. Das gilt im gleichen Maß für Deutschland und Frankreich. Die Obdachlosen, die auffallend in unser Blickfeld geraten und das Klischee prägen, sind oft am Tiefpunkt ihres Weges angelangt und stellen nur die Spitze des Eisbergs dar.

Eine weitere Erkenntnis: Es gibt nicht den typischen Obdachlosen. Es sind Menschen mit je eigener Geschichte. Je mehr der Einzelne in seiner Individualität wahr genommen wird, desto größer ist die Chance, dass Hilfsangebote etwas zur Verbesserung der Situation beitragen können.

Das Bildungsniveau eines Menschen bewahrt nicht davor, einmal obdachlos werden zu können. In Paris sprach ich mit einem Mann, der seine ganze Habe in einer zerlumpten Tasche mit sich trug, mehrere Sprachen beherrschte und mit Begeisterung erzählte, dass „Der Zauberberg" von Thomas Mann zu den für ihn wichtigsten Büchern gehöre. In der ZDF-Mediathek

130

findet sich in der Reihe 37° zum Beispiel die Reportage „Mir ging's mal richtig gut. Von obdachlosen Akademikern".

Menschen mit geringem Einkommen werden schnell als „sozial schwach" bezeichnet. Diesen Begriff habe ich komplett aus meinem Wortschatz gestrichen. Unter den Kolleginnen und Kollegen auf der Straße habe ich viele sozial sehr starke Menschen getroffen, wenn es darum ging, das Wenige zu teilen oder in einer anderen Weise einander zu helfen. Natürlich gibt es auch dort wie in jedem Milieu Ganoven. Beide Seiten kenne ich durchaus auch in mir. Sozial schwach sind vielleicht eher die Menschen, die durch legale und illegale Steuerschlupflöcher Geld am Fiskus vorbei bringen und sich der gemeinsamen Finanzierung gesellschaftlicher Aufgaben entziehen.

In Diskussionen wird oft gesagt: Bei uns müsse niemand auf der Straße leben! Es gibt das Urteil, dass Obdachlose generell arbeitsscheu seien und es dann wohl eher so sei, dass sie so leben wollten. Das wolle man aber nicht unterstützen. Von der Bettelmafia wird geredet, die riesige Gewinne auf der Straße abschöpfe und dergleichen mehr.

Insgesamt habe ich den Eindruck gewonnen, dass die große Mehrheit der Obdachlosen nicht auf der Straße leben will. Schwere Lebenserfahrungen, Ausnahmesituationen, Krankheit und Schwierigkeiten mit der so strukturierten Gesellschaft haben jeden auf andere Weise aus dem Gleis gebracht. Dass Reintegration manchmal so schwer möglich ist, ist kein Beweis dafür, dass Betroffene eine Veränderung nicht wollen. Eher ist es vielleicht ein Beleg dafür, dass sie nicht können, weil Beschädigungen so tief sitzen. Und unter Umständen ist es ja auch ein Indiz für die Verwerfungen unserer Gesellschaft, die nicht in der Lage ist, die Lebensräume zu

131

schaffen oder zu erhalten, in denen die Betroffenen selbstbestimmt und würdig leben können. Vielleicht bleibt eine sehr kleine Gruppe von Menschen, für die das Leben auf der Straße eine freie Wahl ist.[36] Ich denke, auch sie brauchen unseren Respekt.

Manchmal werde ich gefragt, in welchem der beiden Länder es einfacher war, ohne Obdach zu leben. Nach meiner Erfahrung war es in Frankreich schwieriger, beim Betteln ein paar Euro zusammen zu bekommen. Andererseits hatte ich den Eindruck, dass die Hilfsangebote dort niedrigschwelliger sind. Niemand hat mich nach Papieren gefragt oder gar nach einem Nachweis für meine Bedürftigkeit. Nach meinem Empfinden lässt dieses den Betroffenen mehr Würde. Wenn im Winter abends das Resto du Coeur auf den Straßen von Toulouse 400-500 Mahlzeiten ausgibt, dann bekommt jeder etwas, der sich dort einreiht, egal ob er wie ein Penner aussieht oder saubere gepflegte Kleidung trägt, ob er unter der Brücke schläft oder Student sein könnte. In Deutschland gibt es eine große Furcht vor Missbrauch der Hilfsangebote. In Frankreich scheint es eher egal, ob sich da mal zwei oder drei mit anstellen, die das vielleicht nicht so nötig haben. Es erspart allen anderen die Peinlichkeit, sich als bedürftig beweisen zu müssen.[37] In beiden Ländern habe ich viele Ehrenamtliche wahrgenommen, die sich in Initiativen engagieren. Auffällig

---

[36] Mich erinnert das ein bisschen an die Diskussion um die Prostitution, die sich zwischen den Polen „niemand geht dem freiwillig nach" und „das ist ein normaler Beruf" bewegt.

[37] In den sozialen Lebensmittelgeschäften (épicerie sociale) der Hilfsorganisationen ist allerdings auch ein Nachweis nötig, um zu vermeiden, dass Nutznießer der Gaben zu wiederverkaufenden Geschäftsleuten werden. Anders ist es dort, wo es um den unmittelbaren Hunger geht, wie bei der Ausgabe von warmen Mahlzeiten.

132

ist in Frankreich, dass der Männeranteil unter den Helfenden größer ist als in Deutschland.[38]

Schatten der Stadt

Welche Bedeutung haben Obdachlose in unserer Gesellschaft? Schon die Fragestellung macht deutlich, dass sie vielleicht mehr sind als ein zu lösendes oder zu ertragendes Problem oder eine Herausforderung für gute Resozialisierungsprogramme. Zu einem tieferen Wahrnehmen hilft mir der Ansatz der prozessorientierten Psychologie, hier insbesondere die Überlegungen, die Arnold Mindell in seinem Buch „Die Schatten der Stadt"[39] entfaltet hat. Es geht in diesem Buch um Menschen, die auf Grund ihres psychischen Andersseins, das sich oft in Ausnahmezuständen ausdrückt, Ausgrenzung erfahren. Mindell beschreibt die Arbeit mit Klienten mit psychiatrischen Diagnosen, hat dabei aber auch Obdachlose im Blick. Nach meiner eigenen Erfahrung auf der Straße und auch jetzt als Helfer in karitativen Organisationen erlebe ich, dass mir unter Obdachlosen mehr Menschen mit psychischen Auffälligkeiten begegnen als sonst im „normalen" Alltag. Es ist ein subjektiver Eindruck, den ich nicht mit belastbaren Daten belegen kann. Allerdings finden sich in der Fachliteratur Hinweise, dass Patienten der Psychiatrie stärker von Obdachlo-

---

[38] In Frankreich verteilt sich das u.U. anders, da auch viele verheiratete Frauen einer Erwerbsarbeit nachgehen. Hinzu kommt, dass das Eintrittsalter in den Ruhestand niedriger ist als in Deutschland, so dass auch mehr Männer oft noch nach einer sinnvollen Beschäftigung in dieser Lebensphase suchen.
[39] Arnold Mindell, *Die Schatten der Stadt. Prozessorientierte Therapie in Aktion*, Jungfermannsche Verlagsbuchhandlung, Paderborn 1989

133

sigkeit bedroht sind als andere Vergleichsgruppen in der Bevölkerung.

Unbestritten ist diese Beobachtung, wenn man berücksichtigt, dass alle stoffgebundenen Abhängigkeiten Diagnosen nach IOD10[40] darstellen. Nicht klärbar ist hier, was Ursache und Wirkung ist. Führen Suchterkrankungen und andere psychische Erkrankungen zu einem erhöhten Risiko, obdachlos zu werden oder bedingen, begünstigen und verstärken die Erfahrungen der Obdachlosigkeit diese Erkrankungen? Beides wird der Fall sein und manchmal handelt es sich um einen Teufelskreis.

Prozessarbeit geht davon aus, dass die Lösung eines Problems immer in der Störung selbst verborgen ist[41]. Meist handelt es sich bei dem, was sich bemerkbar macht, um ausgegrenzte bzw. bewusstseinsfernere Anteile, deren Wahrnehmung für ein sinnerfülltes Leben, manchmal sogar für das Überleben, wichtig ist. Auf Gruppen bzw. gesellschaftliche Strukturen übertragen heißt das, dass die von Ausgrenzung Betroffenen

---

[40] International Statistical Classification of Diseases and Related Health Problems (Internationale statistische Klassifikation der Krankheiten und verwandter Gesundheitsprobleme) der Weltgesundheitsorganisation, die auch in Deutschland verpflichtend angewandt wird.

[41] Prozessarbeit bezieht sich nicht nur auf die Psychiatrie, sondern ist ein ganzheitlicher Ansatz, der auch in der somatischen Medizin und überall, wo mit Menschen gearbeitet wird, überraschende Lösungen bringen kann. Sie ist über die Arbeit mit Einzelklienten hinaus auch ein Weg, Beziehungen, Gruppenprozesse und gesellschaftliche Erfahrungen besser zu verstehen und heilsame Veränderungen zu ermöglichen. In einer prozessorientierten Therapie geht es vordergründig nicht um die Beseitigung von Symptomen, sondern darum, ihre Botschaft zu verstehen. So kann es z.B. wichtig sein, ein Körpersymptom erst einmal zu verstärken und zu entfalten. Oft wird das Symptom, wenn es seine Funktion erfüllt, seine Botschaft preisgegeben hat, am Ende gegenstandslos oder verschwindet.

134

Symptomträger der Gesellschaft sind. Deutlicher noch: In diesem Symptom ist die Lösung verborgen. Penner, Bettler, Obdachlose leben dann also unfreiwillig Wichtiges, was der Gesellschaft fehlt. Man mag vielleicht schnell dem Gedanken zustimmen, dass sie Symptom einer kranken Gesellschaft sind. Der weiterführende Gedanke stößt eher auf Ablehnung. Was können Obdachlose uns voraus haben, worauf könnte ihre Existenz uns hinweisen? Eine erschöpfende Antwort ist mir nicht möglich. Ich habe allenfalls Ahnungen davon. In einer Gesellschaft, in der auf Stärke und Durchsetzungsfähigkeit gesetzt wird, zählt Bedürftigkeit, zählt Um-etwas-bitten-zu-müssen zu den Schwächen, die unsere vermeintliche Unabhängigkeit gefährden. Man muss nicht Psychologie studiert haben, um etwas davon zu verstehen, dass der verlorene Kontakt zu unseren wirklichen Bedürfnissen und unserer Bedürftigkeit unsere Lebendigkeit einschränkt. Unsere Möglichkeiten, bei uns selbst zu sein und Wege zum inneren Frieden zu finden, sind uns vorenthalten. Es hat ebenso Auswirkungen auf unsere Beziehungsfähigkeit. Bettler leben die ausgegrenzte Bedürftigkeit und die Fähigkeit um etwas bitten zu können bzw. zu müssen. Martin Luthers letzte Worte, die er am Tag vor seinem Tod zu Papier brachte, lassen etwas ahnen von der Erkenntnis des Bedürftig- und Angewiesenseins: „Wir sind Bettler. Das ist wahr." Dieser Mann, der mit seinen Gedanken, Erkenntnissen und Erfahrungen die Welt nachhaltig verändert hat, kommt am Ende seines Lebens zu so einem Fazit! Wenn wir uns dieses mehr erlauben würden, Bettler zu sein, gäbe es vielleicht weniger Bettler in unserer Umgebung.

Unsere scheinbar freie Gesellschaft ist bei genauem Hinsehen sehr starken normierenden Kräften unterworfen. Massenmedien und Werbung prägen Meinungen,

Verhaltensweisen, Moden und Kaufgewohnheiten. Trotz der freiheitlichen demokratischen Grundordnung und ihrer Errungenschaften, auf die ich als Kind der DDR nicht mehr verzichten will, nimmt die Toleranzbereitschaft gegenüber Normabweichungen signifikant ab.[42] Angesichts der Globalisierung und der wachsenden Macht multinationaler Konzerne und international agierender Finanzjongleure scheint es, dass selbst engagierte Politiker oft wie gegen Windmühlenflügel kämpfen und die Ergebnisse ihrer Arbeit gemessen an den Problemen dieser Welt eher Kosmetik sind. Stehen Obdachlose auch für eine innere Freiheit, sich nicht jeder Norm und jeder Weisung zu unterwerfen, in gewisser Weise tun und lassen zu können, was sie wollen? Sie verweigern sich einem System, das oft genug in der Tiefe nicht lebensfördernd ist, auch wenn sie von

---

[42] Deutlich ist das auch an der zunehmenden Zahl von Zwangseinweisungen in die Psychiatrie. Das einzige rechtliche Kriterium dafür ist Selbst- und/oder Fremdgefährdung. Folgt man der Statistik über die Zwangseinweisungen, dann müssten sich die psychischen Erkrankungen, die mit einer Selbst- oder Fremdgefährdung einhergehen in den letzten zwanzig Jahren rasant vermehrt haben. Nach Angaben des Bundesministeriums für Justiz haben sich die Zwangseinweisungsverfahren von 1992 bis 2005 mehr als verdoppelt. Von 2005 bis 2011 erfolgte ein weiterer Anstieg um 22,3 % (Quelle: Drucksache 17/10712 des Deutschen Bundestages – 17. Wahlperiode). Noch erstaunlicher sind die Ergebnisse, wenn man die Zahlen nach Bundesländern anschaut. Die höchste Zwangseinweisungsquote je 1.000 Einwohner haben Schleswig-Holstein (27,5) Hessen (24,6), Bremen (22,9) und Bayern (22,4). Das geringste Risiko, gegen den eigenen Willen in die Psychiatrie eingewiesen zu werden, hat man überraschenderweise in den sog. neuen Bundesländern: Brandenburg (4,7), Thüringen (6), Sachsen-Anhalt und Sachsen (6,2). Der Bundesdurchschnitt liegt bei 16,5. Ausgehend von der Annahme, dass die Erkrankungshäufigkeit in Deutschland nicht so auffällig verschieden sein kann, bleibt nur der Schluss, dass in einigen Regionen die Toleranz für Menschen, die von dem abweichen, was man als normal empfindet, deutlich niedriger ist.

136

den Brocken leben, die von den gedeckten Tischen dieses Systems fallen. Obdachlose müssen ständig loslassen, kommen zwangsläufig mit sehr wenig aus. Was bedeutet das angesichts so mancher von Wohlstandsballast überfüllten Wohnung?

Diese Überlegungen sollen keineswegs das Sein von Obdachlosen romantisieren. Sie leben die ausgegrenzten Anteile unserer Gesellschaft in der Regel auf eine extreme und schmerzhafte, ja auch im wahrsten Sinne ihre persönliche Existenz bedrohende Weise. Eine Gesellschaft, in der Menschen solche ausgegrenzten Anteile wieder stärker in ihr persönliches Leben integrieren, hätte wahrscheinlich wesentlich weniger Obdachlose.

Engagement für Menschen ohne Obdach

Auf meinem Weg bin ich immer wieder engagiert Helfenden begegnet. Es ist eine Arbeit, die oft von Ehrenamtlichen getragen oder unterstützt wird und nicht so sehr im Blick der Öffentlichkeit steht. Manches Projekt habe ich erst während der Recherchen für dieses Buch wahrgenommen. Drei solcher Initiativen möchte ich hier gern vorstellen – stellvertretend für viele andere.

- die Vesperkirche in Stuttgart
- die Jenny De la Torre Stiftung in Berlin
- das Grab mit den vielen Namen

Die Vesperkirche[43]

Bei der alternativen Stadtführung in Stuttgart hörte ich von der Vesperkirche. Selbst erlebt habe ich dieses

---

[43] Quelle: www.vesperkirche.de

137

Projekt nicht, da es jeden Winter auf sieben Wochen begrenzt ist. Seit 1995 verwandelt sich die Leonhardskirche von Mitte Januar bis Anfang März in eine Tagesstätte besonderer Art. Morgens werden heißer Kaffee und Tee ausgeschenkt. Wer müde ist und durchgefroren, bekommt Decken und darf sich auf die Kirchenbänke schlafen legen. Das hat eine lange Tradition, denn schon im Mittelalter hat diese Kirche Pilger und Gefangene beherbergt. Es gibt heute ein Hilfsnetz von inzwischen etwa 600 Ehrenamtlichen. Ärztinnen und Ärzte versorgen die Gäste bei Bedarf in der Magdalenenkapelle. Tierärztinnen und Tierärzte kümmern sich um die vierbeinigen Begleiter. Friseurinnen und Friseure haben ihre Stühle aufgebaut und helfen auf ihre Weise. Die Kirche bietet Raum, Skat oder Schach zu spielen, Zeitung zu lesen oder Musik zu hören. Diakoninnen und Diakone bieten Gespräch und Beratung an. Es gibt eine Schreibwerkstatt und weitere Angebote. Seit 2010 existieren ein Chor und die Band „rahmenlos & frei".

Für 1,20 Euro wird ab 11.30 Uhr ein warmes Mittagessen angeboten und am Nachmittag gibt es kostenlose Vesperbeutel. Etwa tausend Gäste nehmen täglich dieses Angebot in Stuttgart wahr. Die Kirche schließt mit einer Andacht um 16.15 Uhr.

Und das Projekt hat Schule gemacht. In Baden-Württemberg gibt es inzwischen in mehr als 25 Städten im Winter Vesperkirchen. Finanziert werden sie aus Spenden verbunden mit einem vielfältigen und kreativen ehrenamtlichen Engagement.

138

Das Gesundheitszentrum für Obdachlose der Jenny De la Torre Stiftung

In Berlin nicht weit von der neuen Zentrale des Bundesnachrichtendienstes befindet sich in einem schönen Altbau aus Klinkern das Gesundheitszentrum für Obdachlose. Es besteht ein krasser Gegensatz zwischen dem kolossalen Betonbau mit Stacheldraht und Kameraüberwachung und dem warmherzigen freundlichen Ort, den Frau Dr. De la Torre mit ihren Helferinnen und Helfern geschaffen hat, um Notleidenden mit ihren Gaben und ihrer Fachkenntnis zur Seite zu stehen. Jenny De la Torre ist Ärztin. Das Gesundheitszentrum öffnete 2006 seine Türen, getragen von einer 2002 gegründeten Stiftung. Jahr für Jahr konnte das Zentrum seine Arbeit erweitern. Inzwischen gibt es zehn fest angestellte Mitarbeiter, die von zahlreichen Ehrenamtlichen unterstützt werden. Neben der an fünf Tagen in der Woche geöffneten allgemeinärztlichen Praxis gibt es augenärztliche, internistische, orthopädische, hautärztliche und Zahnarzt-Sprechstunden. Psychologische Beratung und Suchtberatung wird ebenso angeboten wie Sozial- und Rechtsberatung. Die Besucher haben die Möglichkeit, ein Frühstück zu bekommen und ein Mittagessen. Im wunderschön gestalteten Garten können sie entspannen und sich erholen. Das Zentrum unterhält eine Kleiderkammer und man kann sich einmal in der Woche die Haare schneiden lassen.

Wer einen neuen Ausweis braucht, trifft einmal im Monat einen Fotografen an. Wird zwischendurch ein Passbild gebraucht, greift Jenny De la Torre auch schon mal selbst zum Fotoapparat.

Das Ziel der Arbeit dieser Ärztin geht weit über punktuelle Notlinderung hinaus. Sie möchte mit den Betroffenen Wege finden, die Situation zu verändern. Das

139

braucht Zeit. Menschen, die sich lange schon auf der Straße befinden, haben oft keine Ressourcen mehr, aktiv etwas zu verändern. Das geht so weit, dass sie häufig keinen Schmerz mehr wahrnehmen. Beispielsweise sieht man in der Obdachlosenarbeit nicht selten katastrophal verwundete Füße bis hin zu in die Haut eingewachsenen Strümpfen, ohne dass die Betroffenen das spüren. Im wahrsten Sinn des Wortes muss das Fühlen des Schmerzes neu gelernt werden. So braucht es einerseits Geduld der Helfenden und zugleich die Bereitschaft der Betroffenen, an der Situation etwas ändern zu wollen. Ist diese langfristig nicht erkennbar, sind die Grenzen der Hilfsmöglichkeiten des Zentrums erreicht.

Wie kommt eine Peruanerin dazu, in Berlin solch eine Arbeit aufzubauen? Schon in ihrer Kindheit hat Jenny De la Torre das Leid der armen Bevölkerung in ihrer Heimat tief berührt und sie zu dem Entschluss geführt, Ärztin zu werden. In den achtziger Jahren studierte sie in der DDR Medizin. Doch ihr Abschluss wurde in ihrer Heimat nicht anerkannt. So kehrte sie nach Europa zurück und arbeitete geschätzt und erfolgreich in Deutschland und Österreich. Doch der Medizinbetrieb in den Kliniken, in dem nur wenig Zeit blieb, sich intensiv und ganzheitlich den Menschen zuzuwenden, ließ sie fast verzweifeln. Erste Erfahrungen in der Behandlung von Obdachlosen erwarb sie ab 1994 in einem Projekt im Berliner Ostbahnhof. Es war immer ein doppeltes Ringen: Zum einen galt es, das Vertrauen der Menschen zu gewinnen, die auf der Straße leben. Das braucht Zeit zum Zuhören und intensive Zuwendung. Zum anderen blieb es eine ständige Auseinandersetzung mit der Verwaltungsbürokratie um tragende Strukturen, Räume und finanzielle Mittel. Die engagierte Arbeit blieb nicht im Verborgenen. Jenny De la Torre

140

bekam Auszeichnungen und Preise, wurde geehrt und fand Unterstützer. So gelang es im Jahr 2002, die Stiftung zu gründen, die eine relative Unabhängigkeit ermöglicht.

Das Grab mit den vielen Namen

Wenn Menschen ohne festen Wohnsitz sterben und es gibt keine Angehörigen, die sich um die Bestattung kümmern können, dann werden sie von Amts wegen so kostengünstig wie möglich bestattet, um nicht zu sagen entsorgt. Es erfolgt eine Einäscherung. Für eine Trauerfeier, eine Grabrede oder gar Musik gibt es kein Geld. Die Beisetzung erfolgt in der Regel auf der „grünen Wiese" – also anonym. Nichts erinnert dann mehr an diesen Menschen. Nach Angaben des Diakonischen Werkes sind in Berlin inzwischen rund zehn Prozent aller Beerdigungen sog. Sozialbestattungen, zu denen neben den ordnungsbehördlich angeordneten Beisetzungen allerdings auch die gehören, bei denen mittellose Angehörige auf Hilfe der öffentlichen Hand angewiesen sind. In der Berliner Gemeinde Heilig Kreuz-Passion wollte man die namenlosen Begräbnisse Obdachloser nicht länger hinnehmen. Pfarrer Dr. Joachim Ritzkowsky initiierte 2001 das „Grab mit den vielen Namen". Die Gemeinde ließ eine alte Familiengrabstätte auf ihrem Friedhof restaurieren. Jeder, der dort bestattet wird, bekommt eine Gedenktafel mit seinem Namen und den Lebensdaten. Die Pauschale der Bezirksämter reicht für eine würdige Bestattung nicht. Die Kirchengemeinde gibt, unterstützt von Spendern, pro Bestattung etwa 150 Euro dazu. Für die Namensgravur werden noch einmal 250 Euro benötigt, für die jeweils Spender gesucht werden.

141

Als Joachim Ritzkowsky im Januar 2003 starb, wurde auch er auf seinen eigenen Wunsch hin im „Grab mit den vielen Namen" beigesetzt.

Was ihr getan habt einem von diesen meinen geringsten Brüdern, das habt ihr mir getan

Das sagt Jesus den „Gesegneten" im sog. Gleichnis vom Weltgericht.[44] Sie sind erstaunt, als er ihnen sagt, dass sie ihm als Hungrigen zu essen gegeben, seinen Durst gestillt, ihn als Fremden aufgenommen, als Nackten bekleidet, als Kranken und als Gefangenen besucht hätten. Sie können sich nicht erinnern, Jesus in so einer Lage gesehen zu haben. „Was ihr getan habt einem von diesen meinen geringsten Brüdern, das habt ihr mir getan." Über Jahrhunderte ist dieses Wort immer wieder zur Motivation geworden, sich sozial zu engagieren. Es gibt eine christliche Tradition, die ermutigt, den Armen zu helfen, da man in ihnen Jesus begegnen könne. Der Gedanke von Mutter Teresa, den ich in Frankreich an der Bürotür eines Priesters las[45], scheint in die gleiche Richtung zu weisen. Diese Auslegung hat etwas Problematisches und missversteht Jesus. Es handelt sich nicht um die Aufforderung, sich den Bedürftigen zuzuwenden, um damit Jesus zu begegnen oder ihm etwas Gutes zu tun. Die so Gelobten sind sich ja dieser Jesus-Begegnung nicht bewusst gewesen. Sie haben offenbar aus Barmherzigkeit gehandelt. Wer dagegen dem Notleidenden hilft, um eigentlich eine religiöse Erfahrung zu machen, macht ihn zum Objekt seines Handelns, um

---

[44] Matthäus 25, 31-46
[45] siehe Seite 18

142

nicht zu sagen, er missbraucht ihn für seine eigenen Interessen.

In die gleiche Richtung weist ein mir sehr wichtiger Text im Alten Testament. Gut 500 Jahre vor unserer Zeit kehren die Nachfahren der ins Exil nach Babylon verschleppten Juden nach Jerusalem zurück. Sie organisieren ihr Leben und den Kult neu. Es gibt offenbar bald soziale Spannungen zwischen Menschen, die wirtschaftlichen Erfolg haben und anderen, die hinten runter fallen, die Verlierer der Wende sozusagen. Insgesamt scheint das Leben nicht wie erhofft zu gelingen, obwohl man doch im Kult alles richtig macht. Sie sehen sich von Gott verlassen und in ihrem religiösen Engagement nicht gewürdigt und machen Gott Vorwürfe. Ihnen wird geantwortet: *„Soll das ein Fasten sein, an dem ich Gefallen habe, ein Tag, an dem man sich kasteit, wenn ein Mensch seinen Kopf hängen lässt wie Schilf und in Sack und Asche sich bettet? Wollt ihr das ein Fasten nennen und einen Tag, an dem der HERR Wohlgefallen hat? Das aber ist ein Fasten, an dem ich Gefallen habe: Lass los, die du mit Unrecht gebunden hast, lass ledig, auf die du das Joch gelegt hast! Gib frei, die du bedrückst, reiß jedes Joch weg!*

Brich dem Hungrigen dein Brot, und die im Elend ohne Obdach sind, führe ins Haus! Wenn du einen nackt siehst, so kleide ihn, und entzieh dich nicht deinem Fleisch und Blut. Dann wird dein Licht hervorbrechen wie die Morgenröte, und deine Heilung wird schnell voranschreiten, und deine Gerechtigkeit wird vor dir hergehen, und die Herrlichkeit des HERRN wird deinen Zug beschließen. Dann wirst du rufen und der HERR wird dir antworten. Wenn du schreist, wird er sagen: Siehe, hier bin ich. Wenn du in deiner Mitte niemand unterjochst und nicht mit Fingern zeigst und nicht übel redest, sondern den Hungrigen dein Herz finden lässt und den Elenden sättigst, dann wird dein Licht in der Finsternis aufgehen, und dein Dunkel wird sein wie der Mittag. Und der HERR wird dich immerdar führen und dich sättigen in der Dürre und dein Gebein stärken. Und du wirst sein wie ein bewässerter Garten und wie eine Wasserquelle, der es nie an Wasser fehlt. "[46]

Auch diesen Text könnte man dahingehend missverstehen, dass der Weg zu eigenem Wohlergehen in einer Art Belohnung für die Zuwendung zum Entrechteten liegt. Kernsatz ist meines Erachtens jedoch Vers 10, den Luther übersetzt: „... sondern den Hungrigen dein Herz finden lässt". Es geht um ein echtes und tiefes Mitgefühl und die Erfahrung, dass dieses Mitgefühl und das daraus resultierende Tun den Handelnden selbst verändert, ihm auch selbst zur Heilung wird.

Ich weiß allerdings gut genug, wie vermischt meine Motive sind. Gewiss ist es besser, Gutes zu tun, weil man Jesus im Armen begegnen oder himmlische Pluspunkte sammeln möchte, als gar nichts zu tun. Und ich denke, dass ein wie auch immer begonnener Weg, dem Bedürftigen zu begegnen auch in ein Mitgefühl führen kann, das den anderen dann nicht mehr zum Objekt des Handelns macht.

Einen dritten biblischen Text möchte ich hier ansprechen, der die Kulturgeschichte des Helfens mit geprägt hat und sprichwörtlich geworden ist: das Gleichnis vom barmherzigen Samariter.[47] In einem Gespräch zwischen Jesus und einem Gesetzeslehrer geht es um den Weg zum ewigen Leben. Das alttestamentliche Gebot, Gott zu lieben und seinen Nächsten wie sich selbst wird von beiden als Weg zum Leben gesehen und der Gesetzeslehrer fragt, wer denn sein „Nächster" sei. Jesus erzählt daraufhin von einem Mann, der Opfer eines Raubüberfalles geworden ist. Er bleibt halbtot am Wegesrand

---

[46] Jesaja 58, 6-11 Es lohnt auch, die vorangehenden Verse und den folgenden zu lesen, da sie die Situation und die Aussage unterstreichen.
[47] Lukas 10,25-36

144

liegen. Ein Priester und ein Tempeldiener gehen vorüber, ohne sich um den Mann zu kümmern. Lebensrettende Hilfe und Fürsorge erfährt er von einem Mann aus Samarien, der auf Grund seiner Herkunft für die Juden als Fremder und Falschgläubiger galt. Um Jesu Schlussbemerkung „So gehe hin und tue desgleichen" richtig zu verstehen, muss man den Text genau lesen. Jesus dreht zuvor die Ausgangsfrage „Wer ist mein Nächster" um und fragt „Wer von diesen dreien, meinst du, ist Nächster gewesen dem, der unter die Räuber gefallen war?" Wieder kommt der Notleidende aus der Rolle heraus, Objekt – in diesem Fall Nächster – zu sein, dem man um Gottes willen oder um den Preis des ewigen Lebens willen Gutes zu tun habe. Es geht darum, dass wir ihm nah werden. Das Motiv des Handelns jenes Fremden beschreibt Jesus ganz schlicht: „und als er ihn sah, hatte er Mitleid".[48] „So geh hin und tu desgleichen" wird mir damit zur Aufforderung: Mach dich

---

[48] Luther übersetzt „…jammerte er ihn". Dasselbe griechische Wort findet sich auch in der sog. Geschichte vom verlorenen Sohn (Luk 15, 11-32). Jesus erzählt von einem Sohn, der sich sein Erbteil auszahlen lässt und in der Fremde sein Vermögen in einem verschwenderischen Lebensstil verschleudert. Als er am Verhungern ist und sich selbst durch entwürdigende Arbeit nicht am Leben erhalten kann, besinnt er sich auf sein Elternhaus und will den Vater bitten, bei ihm wenigstens als Knecht arbeiten zu dürfen, da er es nicht mehr verdiene, sein Sohn zu sein. Der Vater, der ihn von weitem kommen sieht, lässt alle Haltung eines orientalischen Sippenoberhauptes fallen und läuft ihm entgegen. Er nimmt ihn wieder in die Familie auf und feiert ein Fest. Das Gefühl des Vaters ist mit demselben griechischen Wort benannt. Als er ihn kommen sah, hatte er Mitleid. Es ist keine Entscheidung zu einem Akt der Gnade oder Barmherzigkeit. Jesus beschreibt hier in unvergleichlicher Weise sein Gottesbild. Er stellt ihn uns als mitfühlendes Wesen vor. Es ist das Mitgefühl, das ihn barmherzig sein lässt. Was bedeutet das für unsere Welt, wenn dieser Wesenszug Gottes auf uns Menschen „abfärbt"?

auf den Weg, ein mitfühlender Mensch zu werden! Das ist die Quelle, die dauerhaftes Leben hervorbringt.

Der Spur des Herzens folgen

In einer Konfirmandengruppe wird Obdachlosigkeit thematisiert. Einer der Jugendlichen setzt sich auf den Boden in zusammengesunkener Haltung und hat vor sich eine Bettelschale. Nach und nach gehen alle Konfirmanden an ihm vorbei mit der Aufgabe, auf ihre Empfindungen zu achten. Anschließend schreibt jeder auf, was er in diesem Moment erlebt hat. Im Plenum tragen sie das frei vor. „Der soll lieber arbeiten gehen, anstatt zu betteln". – „In diesem Land muss keiner auf der Straße sitzen." – „Dafür ist der Staat zuständig" ... Die Stunde nimmt ihren Lauf. Im Aufräumen steckt die Pfarrerin die Notizen der Konfirmanden mit ein. Am Abend fällt ihr Blick zufällig darauf. Sie beginnt zu lesen und traut ihren Augen kaum: „Das ist furchtbar! Was kann man nur tun?" – „Der arme Mann, wie ist er da hingekommen?" – „Der Anblick ist kaum auszuhalten" und ähnliche Äußerungen hatten die Konfirmanden notiert. In der Öffentlichkeit der Gruppe hatten sie sich jedoch der verinnerlichten öffentlichen Meinung der Erwachsenen angeschlossen. In der Stille aber hatten sie die Stimmen ihres Herzens gehört.
Ich kenne beide Seiten in mir und noch manche andere. Ich bin überzeugt, dass unsere Welt nur dann eine Zukunft hat, wenn wir es lernen, immer wieder neu die Stimme unseres Herzens wahrzunehmen und ihr zu folgen. Das wird nicht nur Not lindern, sondern auch uns selbst Wege in die Lebendigkeit öffnen.

146

Zahlen und Fakten

Eine Statistik zur Wohnungslosigkeit gibt es in Deutschland nicht, auch wenn die Wohlfahrtsverbände seit Jahren eine entsprechende Gesetzgebung von den politisch Verantwortlichen fordern. Dennoch gibt es Zahlen, die sich aus den Angaben der Träger sozialer Arbeit, die sich in der Bundesarbeitsgemeinschaft Wohnungslosenhilfe e.V. (BAG W)[49] zusammengeschlossen haben, errechnen lassen. Nach Schätzungen der BAG W stieg die Zahl der Menschen ohne Wohnung zwischen 2012 und 2014 in Deutschland um ca. 18 Prozent von 284.000 auf 335.000. Die Zahl derer, die ganz ohne Unterkunft auf der Straße leben, stieg in diesem Zeitraum um etwa 50 Prozent auf 39.000 Personen.

Etwa neun Prozent der Wohnungslosen sind Kinder und minderjährige Jugendliche. Der Anteil der Frauen ist auf 28 Prozent gestiegen.

Auf Grund der sozialen und politischen Rahmenbedingungen geht die BAG W von einer Fortsetzung des Trends aus und prognostiziert für 2018 einen Anstieg auf 536.000 Betroffene.

Auf der Homepage der Bundesarbeitsgemeinschaft ist zu lesen: „Nach Meinung der BAG W sind im Wesentlichen fünf Faktoren maßgeblich für den dramatischen Anstieg der Wohnungslosenzahlen und dessen Fortsetzung in den kommenden Jahren:

- das extreme Anziehen der Mietpreise, insbesondere in den Ballungsgebieten bei gleichzeitig verstärkter Zunahme der Verarmung der unteren Einkommensgruppen

---

[49] Die Angaben in diesem Kapitel finden sich auf der Internetseite www.bagw.de (März 2014) ergänzt durch aktuelle Zahlen.

147

- ein unzureichendes Angebot an preiswertem Wohnraum in Verbindung mit dem ständig schrumpfenden sozialen Wohnungsbestand, dem nicht durch Neubau und soziale Wohnungspolitik gegengesteuert wurde
- Verarmung der unteren Einkommensgruppen in engem Zusammenhang mit der Dauerkrise am Arbeitsmarkt, die nicht zu einem Absenken der Zahl der Langzeitarbeitslosen geführt hat. Zugleich hat sich der Niedriglohnsektor aufgrund eines fehlenden Mindestlohns weiter extrem ausgedehnt.
- andauernde schwerwiegende sozialpolitische Fehlentscheidungen bei Hartz IV: Sanktionierung auch bei den Kosten der Unterkunft von jungen Erwachsenen, unzureichende Anhebung des ALG II – Regelsatzes, Zurückfahren der Arbeitsförderungsmaßnahmen
- unzureichender Ausbau von Fachstellen zur Verhinderung von Wohnungsverlusten in Kommunen und Landkreisen. In vielen Fällen könnte bei Meldung des drohenden Wohnungsverlustes an eine entsprechende Fachstelle Wohnungslosigkeit vermieden werden. Doch viel zu wenige Kommunen und Landkreise, insbesondere in Ostdeutschland, machen von den gesetzlichen Möglichkeiten (SGB II und SGB XII) zur Verhinderung von Wohnungslosigkeit Gebrauch."

Dementsprechend fordert die Bundesarbeitsgemeinschaft „folgende Sofortmaßnahmen gegen den weiteren Anstieg der Wohnungslosigkeit:

- eine feste Verankerung der Wohnungspolitik auf der Ebene des Bundes
- eine aktive soziale Wohnungsbaupolitik der Länder und Kommunen

148

- alle Länderregierungen und die Bundesregierung sind gefordert, umgehend eine Wohnungsnotfallstatistik einzuführen. Das Bundesland Nordrhein-Westfalen ist das einzige Bundesland mit einer solchen Wohnungsnotfallstatistik. Andere Bundesländer können dieses Modell sofort übernehmen.
- verbindliche Kriterien zur Festlegung der Mietobergrenzen – keine Pauschalierung der Kosten der Unterkunft; eine sozialräumliche Differenzierung dieser Mietobergrenzen sowie Einzelfallprüfungen zur Angemessenheit der Miete und die Übernahme von Schulden für Unterkunft und Heizung auch als Beihilfe im SGB II
- eine Mietpreisbremse, die den Anstieg von Neu- und Wiedervermietungsmieten bei 10 % über der ortsüblichen Vergleichsmiete deckelt
- einen konsequenten Ausbau der Prävention von Wohnungsverlusten, u. a. durch ein Programm des Bundes und der Bundesländer zum Auf- und Ausbau von Zentralen Fachstellen zur Vermeidung von Wohnungsverlusten."

Fehlende Krankenversicherung

Die BAG Wohnungslosenhilfe e.V. macht noch auf ein weiteres Problem aufmerksam, das der Mehrheit der Bundesbürger nicht bekannt sein dürfte und von dem scheinbar auch viele Politiker nichts wissen. In Deutschland besteht seit 2007 eine Krankenversicherungspflicht. Wer seit Jahren ohne Krankenversicherung gelebt hat, wird bei einer Krankenkasse zwangsweise angemeldet und hat bei dieser Kasse dann Beitragsschulden seit Beginn der Versicherungspflicht mit allen Säumniszuschlägen, ohne dass er je eine Rechnung dazu gesehen oder überhaupt Kenntnis von diesen Schulden hatte. In der Regel ist das eine fünfstellige Summe. Zwischen dem 1. August und dem 31. Dezember 2013 gab es die Möglichkeit des Erlasses dieser Schulden unter der Voraussetzung, dass auch keine Leistungen in Anspruch genommen worden waren. Davon haben rund 5.000 Personen Gebrauch gemacht. Die meisten der Betroffenen konnten dieses Angebot jedoch nicht nutzen, weil die Informationen sie nicht erreicht haben. Das statistische Bundesamt geht davon aus, dass zur Zeit in Deutschland trotz Versicherungspflicht immer noch über 100.000 Personen ohne Krankenversicherung leben mit Beitragsschulden im fünfstelligen Bereich, die sie nicht zahlen können und von denen sie oft keine Kenntnis haben. Faktisch betrifft das die Mehrheit der Obdachlosen. Wenn es seitens der politisch Verantwortlichen keine Regelung gibt, die dieses Problem löst, bleibt eine nicht unerhebliche Gruppe der Bevölkerung damit von der regulären medizinischen Versorgung dauerhaft ausgeschlossen. Sie geraten durch die Gesetzeslage dazu in eine sich Jahr um Jahr steigernde Verschuldung, die eine Rückkehr in geordnete Verhältnisse fast unmöglich macht.

Betteln und das Recht [50]

Betteln hat eine lange Tradition. Alle großen Religionen kennen eine Tradition des Almosengebens, des Helfens und der Unterstützung Bedürftiger. In zahlreichen

---

[50] Die Informationen stammen im Wesentlichen aus den beiden Quellen www.jurawelt.com/aufsaetze/strafr/3554 und der Dokumentation einer über Jahre am St-Ursula-Gymnasium in Attendorf mit Schülern gemachten bemerkenswerten Studie „Bettelarm". www.sowi.st-ursula-attendorn.de/be/bedok000.htm

biblischen Geschichten kommen Bettler vor, ohne dass ihr Bitten abgewertet wird. In Zeiten ohne Sozialversicherung war das Betteln für Erwerbslose überlebenswichtig, insbesondere wenn es keinen stützenden familiären Hintergrund gab. Bis in das Mittelalter war Armut für verschiedene christliche Strömungen ein erstrebenswertes Ideal, um sich von unheilvollen Bindungen an diese Welt zu lösen. Es entstanden Bettelorden und spätere klösterliche Reformbewegungen versuchten immer wieder zu diesen Wurzeln zurückzukehren. Ignatius von Loyola (1491-1556) lebte ein Jahr als Bettler in Spanien. Die Erfahrung dieser Zeit wurde ihm zu einer wichtigen Grundlage, andere Menschen geistlich zu begleiten. Die Probleme begannen im Spätmittelalter. Aus zeitgenössischen Berichten wird erkennbar, dass Landstraßen und Städte von Bettlern regelrecht überschwemmt wurden. Neben massenhaftem Elend wird von betrügerischem Betteln berichtet, von Menschen, die Behinderungen und Krankheiten simulierten und von falschen Geistlichen, die sich als Mönche oder Pilger ausgaben. Es entstand Handlungsbedarf gegen diese Bettelplage. Eine der ersten Städte, die eine Bettelsatzung erließ, war Nürnberg (1478). Einheimische, nicht arbeitsfähige Bettler sollten geschützt ihrem „Broterwerb" nachkommen können, während arbeitsfähige Menschen und Fremde ferngehalten werden sollten. Dieses gelang mehr oder weniger gut. Betrügerischen Bettlern und Landstreichern drohten harte Strafen bis zur Gefängnis-und Galeerenhaft, Brandmarkung und im Wiederholungsfall die Todesstrafe.
Eine Veränderung brachte die Zeit des Liberalismus und der Aufklärung. Das Allgemeine preußische Landrecht von 1794 schrieb die Verantwortung für die Versorgung der Armen den Kommunen zu. Unter bestimmten Voraussetzungen hatten nicht erwerbsfähi-

ge Arme einen Anspruch auf Unterstützung aus öffentlichen Kassen. Ausgehend vom Gedanken der Erziehbarkeit des Menschen richtete man Besserungsanstalten ein. Als Erziehungs- und Strafmaßnahme konnten arbeitsfähige Bettler in Armenhäuser eingewiesen werden, wo sie unter haftartigen Bedingungen arbeiten mussten bis sie Aussicht auf eine eigene Möglichkeit zum Broterwerb hatten. Das konnte in Zeiten von Massenarbeitslosigkeit lange dauern. Die Träger der Einrichtungen konnten die Einnahmen für sich verwerten. Ihr wirtschaftlicher Erfolg führte zu einem raschen Ausbau des Systems der Armen- und Zuchthäuser.

Das preußische Strafgesetzbuch von 1851 definierte Betteln, Landstreicherei und Arbeitsscheu als Straftatbestand. Dieser Paragraph wurde wörtlich 1871 in das Reichsstrafgesetzbuch übernommen. Für über hundert Jahre wurde Betteln damit zur Straftat, die mit Haft und weiteren Zwangsmaßnahmen bestraft wurde. In der Zeit des Nationalsozialismus wurden diese Bestimmungen verschärft. Die diesbezüglichen Gesetze blieben in der Bundesrepublik in Geltung. Erst 1969 wurde das angedrohte Strafmaß abgemildert. Eine Freiheitsstrafe bis zu sechs Wochen blieb neben einer Geldstrafe von bis zu 500 Mark möglich. In der DDR kam der Begriff des Bettelns zwar nicht mehr im Strafgesetzbuch vor. Aber „Arbeitsscheu" konnte im Wiederholungsfall zu fünf Jahren Haft führen. Zudem gab es die Möglichkeit von Ordnungsstrafen von bis zu 1.000 Mark und ein ganzes System möglicher Auflagen und Repressalien.

1974 schaffte der Bundesgesetzgeber den Straftatbestand des Bettelns ab. In der Folge versuchten die Kommunen, das Betteln über Satzungen einzudämmen. Kollegen erzählten mir, dass manche Kommunen das Problem über „Bettelscheine" geregelt hatten, die dann bestimmte Bereiche der Stadt dafür zuließen und andere verbaten. Der Weg der meisten Kommunen lief über die Satzungen zur Sondernutzung öffentlichen Raumes. Das sind jene Ordnungen, die festlegen, unter welchen Konditionen ein Gastwirt ein paar Tische und Stühle vor die Tür stellen darf oder wie man an eine Genehmigung kommt, Baumaterial auf dem Gehweg zwischenzulagern u.ä. Betteln wurde zur nicht erlaubnisfähigen Sondernutzung erklärt und damit durch die Hintertür zur Ordnungswidrigkeit. Die Klage gegen entsprechende Bußgeldbescheide führte 1998 dann letztlich zu einem Urteil des Verwaltungsgerichts Baden-Württemberg. Diesem Urteil zufolge handelt es sich beim Betteln um einen „Gemeingebrauch" des öffentlichen Raumes und damit ist es unter Berücksichtigung des Gleichheitsgrundsatzes ein allgemeines Freiheitsrecht. Die Richter führen aus: „Die Anwesenheit auf dem Bürgersteig sitzender Menschen, die in Not geraten sind und an das Mitleid und an die Hilfsbereitschaft von Passanten appellieren, muss von der Gemeinschaft jedenfalls in Zonen des öffentlichen Straßenverkehres als eine Erscheinungsform des Zusammenlebens hingenommen werden und kann folglich nicht – generell – als ein sozial abträglicher und damit polizeiwidriger Zustand gewertet werden"[51].

Die Städte mussten ihre Satzungen überarbeiten, die in der Regel nun nur noch das aggressive Betteln verbieten.[52]

---

[51] VGH Baden-Württemberg, Beschluss vom 6. Juli 1998, Az. 1 S 2630/97

[52] Hierbei handelt es sich z.B. um Anfassen, Festhalten, Versperren des Weges, aufdringliches Ansprechen, Errichten von Hindernissen im Verkehrsraum, bedrängende Verfolgung oder bedrängendes Zusammenwirken mehrerer Personen.

Sinti und Roma

Zum Leben auf der Straße gehören in unserer Wahrnehmung bettelnde Sinti und Roma – oft als Zigeuner bezeichnet – ebenso wie die Obdachlosen. Sie haben aber auf der Straße nichts miteinander zu tun und erleben sich eher als Konkurrenz. Die Vorurteile gegenüber Sinti und Roma sind unter den Obdachlosen genauso wirksam wie in der übrigen Bevölkerung. Auch ich konnte mich dem zunächst nicht entziehen. Sie treten anders auf. Später als Ehrenamtlicher bei der Essensausgabe vom Resto du Coeur in Toulouse bin ich ihnen bei einer der Ausgabestelle wieder verstärkt begegnet. Ich habe sie dort sehr fordernd erlebt, ganz anders als französische Gäste am Stand.

Das schafft zunächst Distanz und ist geeignet, Vorurteile zu bestätigen. Völlig überrascht war ich, als ich ein Buch von Norbert Mappes-Niediek[53] in die Hand bekam, der die Situation dieser Bevölkerungsgruppe(n) in Europa intensiv untersucht hat. Ich kann hier nur ein paar mir wesentliche Erkenntnisse daraus wiedergeben und empfehlen, dieses Buch in die Hand zu nehmen, um die schwierige Lage der Sinti und Roma besser zu verstehen.

- Die Geschichte der Zigeuner ist eine Sklavereigeschichte. In mehreren rumänischen Fürstentümern lebten sie als Sklaven, die verkauft, vererbt, verschenkt oder verpfändet werden konnten. Diese Sklaverei ging bis 1855/56 und endete somit nur wenige Jahre vor der Abschaffung der Sklaverei in Amerika. Während man in den USA über die Folgen der jahrhundertelangen Sklaverei in der Psyche der

---

53 Norbert Mappes-Niediek, *Arme Roma, böse Zigeuner. Was an den Vorurteilen über die Zuwanderer stimmt*, Ch. Links Verlag, Berlin 2013

heute lebenden Generation der Afroamerikaner forscht und man in Israel den Beschädigungen nachgeht, die der Holocaust noch Generationen später in den Menschen hinterlassen hat, gibt es solches Nachdenken über intergenerationale Traumata und sich bis heute auswirkende Komplexe für die Nachfahren der Sklaverei in Rumänien nicht. Mit Sicherheit sind sie aber Teil der heutigen Problemlage.

- Sinti und Roma werden oft als fahrendes Volk wahrgenommen. In Wirklichkeit sind sie zum größten Teil sesshaft und leben oft in Osteuropa in Elendsquartieren. Die, die sich auf den Weg nach Deutschland und Frankreich machen, gehören eher zum Mittelstand.

- Sinti und Roma gelten als potentielle Straftäter. In Wirklichkeit werden sie nicht häufiger straffällig als Vergleichsgruppen in ähnlichen sozialen Verhältnissen. Es gibt unter ihnen sogar erheblich weniger Gewaltverbrechen und organisierte Kriminalität. Das könnte an den Familienverbänden liegen, in denen sie leben, die eine starke kontrollierende und regulierende Komponente darstellen.

- Die EU-Politik versucht mit speziellen Roma-Programmen die Probleme der Roma zu lösen. Aber es zeigt sich, dass diese Politik ins Leere geht. Förderprogramme erzeugten eine sogenannte Gipsy-Industrie aus Vereinen, die an den Inhalten der Programme entstehen und sich in ihren Zielen an dem ausrichten, was gerade förderfähig ist. Es gibt zahlreiche Roma-Verbände. Aber es gibt keine Strukturen (wie z.B. Parteien), wie sie sich in Europa innerhalb von Völkern gebildet haben. Es gibt keine Ansprechpartner, die autorisiert für das „Volk" der Roma sprechen und sie vertreten könnten. Wem es in Ländern wie Ungarn z.B. gelingt, sich aus den

155

Elendsquartieren herauszuarbeiten, der nimmt schnell Abstand und assimiliert sich in der übrigen Bevölkerung. Das sogenannte Romaproblem ist nicht das Problem eines unterdrückten Volkes. Es ist schlichtweg ein Armutsproblem. Osteuropäischen Ländern sind die Roma eine willkommene Rechtfertigung, um vor EU-Gremien zu belegen, warum es so viele Schwierigkeiten im Land gibt. Mappes-Niediek schreibt dazu: „Die Roma nützen nicht nur den Rumänen. Wenn sie von Roma nichts wüsste, würde die Europäische Union kein Roma- sondern Sozialprogramme auflegen. Es gäbe keine ‚Romadekade‘ sondern Zehn-Jahres-Programme zur Bekämpfung der Armut. Kein Roma-Beirat beim Europarat wäre mit dem Problem befasst, sondern eine Art Armuts-Task-Force, die wahrscheinlich keine Sonderfonds verlangen, sondern vergleichs- weise revolutionäre Forderungen stellen würde. Bet- telei wäre kein Gegenstand der Kulturforschung, sondern das Thema einer Sozialdebatte […] Wenn es die Kategorie Roma nicht gäbe, würde nicht mehr darüber diskutiert, warum so viele Roma-Kinder in Sonderschulen gehen. Stattdessen würde man sich fragen, warum es so etwas wie Sonderschulen über- haupt noch gibt […] Das Geheimnis der Armut ist nicht bei den Roma zu finden. Jede Gesellschaft bie- tet Rollen und Plätze an; wer sie ergreift und wahr- nimmt ist letzten Endes egal […] Auch Kriminalität hat man noch lange nicht verstanden, wenn man die Täter kennt. In Mailand mag der Drogenhandel in der Hand der Nigerianer liegen. Das macht manche Leute glauben, dass es ohne Nigerianer in Mailand keinen Drogenhandel mehr geben würde. Es ist aber bloß ein bequemer Denkfehler. Die Roma eignen sich dazu, ihren Volksnamen an eine ganze Reihe

156

von anderen Problemen zu verleihen; an das Armutsproblem, die Arbeitslosigkeit, die Verödung des ländlichen Raumes durch Vernachlässigung der Infrastruktur, an das ausgehungerte Bildungs- und das fehlgesteuerte Gesundheitswesen, die defekte Demokratie und das prosperierende organisierte Verbrechen. Für die meisten Probleme gibt es Ideen und Konzepte. Sie sind lösbar. Nur das ,Roma-Problem' ist nicht lösbar. Zwar ist das ,Roma-Problem' nicht groß genug, für alle gesellschaftlichen Probleme eine hinreichende Erklärung zu bieten; schließlich weiß jeder, dass auch viele Nicht-Roma arbeitslos sind. Wo aber die Roma von jedem sozialen Problem in Potenz betroffen sind, werden sie im öffentlichen Bewusstsein zur Wurzel jedes dieser Probleme."[54]

Was tun in der Begegnung?

Häufig werde ich gefragt: „Wie kann ich Obdachlosen angemessen begegnen?" Das Wichtigste ist meines Erachtens, bewusst in den Kontakt zu gehen. Das kann ein Blick sein oder ein Gruß, der sagt: Ich nehme Dich wahr. Das kann die Münze sein oder das ausgesprochene „Dankeschön" an einen Straßenmusiker. Auch heute gebe ich nicht jedem Bettler etwas. Wer Sorge hat, dass das Geld in Alkohol und Drogen umgesetzt wird, kann ja ein anderes Hilfeangebot machen: „Ich würde Ihnen gern etwas zu essen kaufen. Möchten Sie das? Worauf haben Sie Appetit?" Wer gerade die Zeit hat, könnte auch einen Bettler ins Restaurant zum gemeinsamen

---

[54] A.a.O. S. 193 ff.

157

Essen einladen. Wahrscheinlich bringt einem das eine spannende Begegnung.

Es gibt einem Menschen Bedeutung, wenn man sich für seine Geschichte und die Lebensumstände interessiert. Das braucht allerdings eine Haltung, miteinander auf Augenhöhe gehen zu wollen – innerlich und äußerlich. Von oben herab funktioniert das nicht. Das ist wie in anderen alltäglichen Bezügen. Eine innere Frage kann da sehr hilfreich sein: „Was hat mein Gesprächspartner mir voraus? Was kann ich von ihm lernen?" Fingerspitzengefühl ist nötig. Nicht jeder auf der Straße möchte und kann so in Kontakt gehen. Und vielleicht stört man ja auch einen Bettler mit einem Gespräch gerade bei der „Arbeit".

Im Übrigen gilt auch das, was uns sonst in Begegnungen leitet. Nicht jeder Mensch ist mir sympathisch, nicht jede Situation ist für eine tiefere Begegnung geeignet. Niemand muss sich auf etwas einlassen, was für ihn nicht stimmt.

Die Berliner Stadtmission hat für Extremsituationen wie kalte Nächte einen kurzen Leitfaden veröffentlicht[55], der in anderen Städten entsprechend gilt:

1) Hinschauen, wenn man einen Obdachlosen in Not sieht.

2) Ansprechen, um herauszufinden, ob Hilfe gewünscht wird und/oder nötig ist.

3) Zwischen 21.00 und 3.00 Uhr kann der Kältebus in Berlin einzelne Menschen in Notunterkünfte fahren oder sie mit dem Nötigsten versorgen, um draußen zu überleben. Telefon: 0178 523 58 38

4) Folgende Informationen helfen: Genauer Standort, Beschreibung der konkreten Notlage

5) Bei akuter Lebensgefahr die Feuerwehr rufen: 112

---

[55] Quelle: www.ekbo.de im Februar 2014

158

Mein Weg in das Projekt

Wie kommt man auf so eine Idee, eine Zeit das Leben auf der Straße zu teilen? Ich glaube, dass das Projekt mehr mich gefunden hat, als dass ich es entworfen hätte. Während meiner Basisausbildung in Prozessorientierter Psychologie, musste jeder Teilnehmende ein Projekt entwickeln, das zwar im Zusammenhang mit seinem Beruf steht, aber nicht zur Berufsroutine gehört. Ich plante zu dieser Zeit ein Sabbatjahr und wusste, dass ich mich in der Folge für einige Jahre als Pfarrer von meiner Landeskirche beurlauben lassen würde, um meine Frau, die sich auf eine Pfarrstelle in der französischen Kirche beworben hatte, zu begleiten. Mein Beruf ist mir aber auch Berufung. Wie ist man denn Pfarrer ohne Pfarrstelle? Ich wollte die Frage klären, was meine eigentliche Berufung ist, meine „priesterliche Identität" jenseits von Pfarramt und Institution Kirche. In der Projekterarbeitung war schnell deutlich, dass das Projekt mit Randgruppen unserer Gesellschaft zu tun haben sollte. Soziales Engagement gehört für mich zum wesentlichen Ausdruck christlichen Glaubens. In meinen Projektnotizen fand sich unter anderem das Stichwort „Praktikum in der Obdachlosenarbeit". An einem Morgen des Seminars sollte jeder die Bausteine, die er für sein Projekt bereits gefunden hatte, auf einem Plakat notieren. In dem Moment, als ich die Wörter „Praktikum in der Obdachlosenarbeit" aufschrieb, schoss mir der Gedanke durch den Kopf: Selbst obdachlos sein! Ich war tief erschrocken. Meine innere Antwort war: Das machst du nicht! Und das sagst du auch keinem in der Peergroup, weil die anderen dann mit Sicherheit sagen: Das ist es!

Zugleich war mir bewusst, ja – das ist es. Die Eckdaten waren schnell klar. Ich würde ohne Bankkarte und

159

Geldreserven losziehen, um meinen Lebensunterhalt mit dem zu sichern, was sich auf der Straße ergeben würde. Ich würde in Deutschland und in Frankreich unterwegs sein, weil das eine meine Heimat ist und das andere für die nächsten Jahre mein Zuhause werden würde.

Zwei Unterbrechungen habe ich geplant aus Rücksicht auf meine Frau und meine Kinder und um die Möglichkeit zu haben, jeweils auf einen Abschnitt zurückzuschauen und in Rücksprache mit der das Projekt begleitenden Ausbildungsgruppe überlegen zu können, wie es weitergeht.

Eine leise Antwort

Die Antwort auf meine Ausgangsfrage, was denn meine eigentliche Berufung als Pfarrer sei, klingt simpel. Es geht um Präsenz, um Gegenwärtigkeit. Ohne, dass sie etwas von meinem Beruf wussten, haben mir Menschen viel aus ihrem Leben erzählt, auch von ihrem Glauben, ihren Ängsten und Hoffnungen und ihrer Spiritualität. Es kamen Gedanken ins Feld, die man nicht ohne weiteres vor sich herträgt und schon gar nicht in diesem Milieu. Meine Berufung ist es, präsent zu sein und mit dem zu gehen, was sich auftut, was im Moment geschieht. So einfach das klingt, es ist nicht unbedingt leicht. Da sind eigene Sorgen, das Kreisen um eigene Probleme, manchmal in endlosen Schleifen. Es braucht die Möglichkeit, das immer wieder loszulassen, um für einen Moment einem anderen Menschen ganz nah zu sein und wahrzunehmen, was geschieht.

Es braucht dazu das Verbundensein mit dem Göttlichen, mit dem, was größer ist als unsere begrenzte Existenz. Letztlich ist das etwas, was man nicht „ma-

160

chen" kann, es bleibt ein Weg. Das einzige, was in meiner Macht steht, ist vielleicht die Möglichkeit, mich immer wieder neu dafür zu entscheiden und täglich geschehen zu lasse, was dann geschieht.

Danksagung

Von Herzen danke ich allen, die mich auf meinem Weg gedanklich begleitet und bei der Entstehung des Buches unterstützt haben, insbesondere meinen Kindern und den Kindern meiner Frau, ebenso Barbara, Reinhard, Hannes, Dine, Thomas, Anita, Stephan und Maren, sowie Sebastian und meiner Ausbildungsgruppe in der Prozessarbeit und ganz besonders G., die das ganze Projekt trotz aller Bedenken mitgetragen hat.

Kein Nachwort, aber ein Brief an Matthias

„Du willst ohne Obdach leben?" Ich war entsetzt, als Du mir das erste Mal von Deiner Projektidee erzählt hast. Sofort hatte ich sie zahlreich vor meinem inneren Auge: die Männer auf den Treppenstufen der Kirche in der Rue du Taur, verwahrlost, um sich herum vor Schmutz starrende Decken und Plastiktüten mit dem wenigen Hab und Gut. Es schauderte mich. In dieses Milieu wolltest Du eintauchen? Immer wieder haben wir in der nachfolgenden Zeit darüber gesprochen. Ich habe interveniert, ob es nicht andere Möglichkeiten gäbe, sich solidarisch zu zeigen mit den Menschen, die so an den Rand der Gesellschaft gedrängt leben. Du könntest doch beispielsweise in einer der zahlreichen karitativen Einrichtungen mitarbeiten! Doch ich spürte bald, dass es für Dich keine Alternative gab zu der Entscheidung, für mehrere Wochen ohne Obdach zu leben. Ich habe nie ein klares inneres Ja zu diesem Deinen Weg gefunden, zu groß waren meine Ängste und mein Unbehagen. Mich bewegte auch immer die Frage nach der Lauterkeit eines solchen Eindringens in ein Milieu, in dem Menschen normalerweise nicht freiwillig leben. Ist es fair, quasi Obdachlosigkeit zu „spielen" und dabei immer zu wissen, dass Du im Gegensatz zu denen, denen Du auf der Straße begegnest, jederzeit in Deine relativ gesicherte Existenz zurückkehren könntest?
Ich habe dann im Vollzug Deiner Entscheidung erlebt, dass Du Dich sehr behutsam und voller Respekt den Menschen ohne Obdach genähert hast und dabei spannende Erfahrungen in Bezug auf Deine Ausgangsfrage nach dem „Pfarrersein ohne Pfarrstelle" machen konntest. Deinen Erzählungen über die zahlreichen Begegnungen mit obdachlos lebenden Menschen habe ich mit großem Interesse zugehört. Sie haben meinen Blick auf

diese mir fremde Welt verändert. Wenn ich heute morgens in die Stadt fahre, sehe ich den jungen bettelnden Mann, der immer an derselben Kreuzung steht, mit Achtung an. Er geht regelmäßig seiner Arbeit nach, Tag für Tag, viele Stunden! Und ich weiß, dass ich den Arbeitsplatz nicht mit ihm tauschen möchte. Früher hatte ich eine große Scheu, die Menschen anzusehen, denen ich Geld in ihre Bettlerschale gelegt habe. Durch Dein Erleben habe ich verstanden, wie wichtig dieser Blick ins Angesicht eines bettelnden Menschen ist und habe mir angewöhnt, sie zu grüßen.

Erst durch Dein Erzählen habe ich erfahren, dass Obdachlosigkeit nicht automatisch Verwahrlosung heißt und dass es eine große Zahl Obdachloser gibt, die ihre schwierige Existenz würdevoll leben. Das beeindruckt mich tief.

Mein Widerstand gegen Dein Projekt rührte ganz sicher auch daher, dass ich selbst einen solchen Weg nie gehen könnte. Es ist mir unangenehm, mich Menschen zu nähern, die völlig verwahrlost sind. Zugleich verspüre ich deswegen ein schlechtes Gewissen. Müsste ich meine innere Blockade nicht überwinden? Werde ich meinem Wunsch, als Christin zu leben, nicht gerecht? Du hast mit diesem Problem von Natur aus weniger zu kämpfen. Darum kannst du ganz praktisch helfen, wenn es nötig ist. Unsere Gespräche zu dieser Problematik haben mir deutlich gemacht, dass es auch in dieser Hinsicht verschiedene Begabungen unter uns Menschen gibt. Paulus hat im ersten Brief an die Gemeinde in Korinth die Vielfalt der Gaben beschrieben, die alle durch denselben Geist genährt werden. (1. Kor 12,4ff.) Im Blick auf das Engagement für Menschen ohne Obdach bedeutet das für mich, dass ich nach dem mir angemessenen Einsatz suchen will, der ganz anders aussehen darf als der Deinige.

164

Ich war sehr erleichtert, als Du Dein Projekt „Ohne Obdach leben" beendet hast und unbeschadet zurückkehren konntest. Es ist mir nicht leicht gefallen, Dich darin zu begleiten, aber es hat auch in mir vieles bewegt.

Ich hoffe, dass dieses Dein Buch viele Menschen erreicht und ihren Blick auf Menschen ohne Obdach verändert.

Deine G.